Walther Arnsperger

Christian Wolff's Verhältnis zu Leibniz

Walther Arnsperger

Christian Wolff's Verhältnis zu Leibniz

ISBN/EAN: 9783743492028

Hergestellt in Europa, USA, Kanada, Australien, Japan

Cover: Foto ©Thomas Meinert / pixelio.de

Manufactured and distributed by brebook publishing software (www.brebook.com)

Walther Arnsperger

Christian Wolff's Verhältnis zu Leibniz

CHRISTIAN WOLFF'S VERHÄLTNIS ZU LEIBNIZ.

VON

WALTHER ARNSPERGER,
Dr. PHIL.

WEIMAR.
VERLAG VON EMIL FELBER.
1897.

Inhaltsangabe.

	Seite
Einleitung	1
Christian Wolffs Lehrzeit	7
Der Briefwechsel zwischen Leibniz und Wolff	20
Der wissenschaftliche Einfluss Leibnizens auf Wolff	41
Die Wolffische Philosophie und ihre Aufgaben	50
Beilage: Chronologische Uebersicht über den Briefwechsel zwischen Leibniz und Wolff	66

Einleitung.

Die Geschichtsforschung des deutschen Geisteslebens hat bis heute die erste Hälfte des 18. Jahrhunderts in demselben Masse vernachlässigt, als sie die andere begünstigte. Abgesehen von einer sehr geringen Zahl von Einzeluntersuchungen und Publikationen sieht sich der Forscher neben den Quellen selbst meist auf die einschlägigen Kapitel der zusammenhängenden Geschichtswerke angewiesen. Viel gedrucktes und auch eine grosse Menge von handschriftlichem Material ist noch nicht oder doch noch nicht genügend durchgearbeitet. Das ist nun ja auch nicht zu verwundern; denn das Arbeitsfeld ist ein überaus mühevolles und scheint zunächst wenigstens auch ein undankbares zu sein. Selbst wenn der Inhalt reizvoller und die Darstellungsform anziehender wäre, würde es einem wohl nicht ohne einige Ueberwindung gelingen, etwa die 24 Quartanten der Wolffischen lateinischen Schriften oder die 22 Folianten des Gottschedischen Briefwechsels nach allen Seiten durchzuarbeiten. Dabei fehlen die für die Folgezeit so reichen bibliographischen Hülfsmittel so gut wie ganz, und man muss sich erst mit vieler Mühe nach dieser Richtung in das Material einarbeiten. Und endlich ist dieses selbst, auch soweit es überhaupt gedruckt ist, durch die Seltenheit der meisten Werke zum grossen Teil schwer zu erlangen und noch schwerer zu lesen, da das Latein jener Zeit ebensowenig ein klassisches ist, als das Deutsch.

Da ist es denn kein Wunder, wenn von dem Geistesleben dieser Periode manchmal recht unklare oder ganz unrichtige Vorstellungen auftreten, herrschend werden, oder doch unbestritten bleiben. Und doch fällt gerade in jene Zeit die eigentliche geistige Wiedergeburt Deutschlands, der Beginn einer deutschen Allgemeinbildung, die Entstehung einer nationalen Wissenschaft, welcher die einer nationalen Kunst erst gefolgt ist.

Nur ein ganz beschränkter Kreis hatte die Anfänge einer wissenschaftlichen Allgemeinbildung, wie sie im Reformationszeitalter in unserem Vaterlande ja schon zu finden waren, noch über die Wirren der Religionskämpfe und über die Schreckenszeit des grossen Krieges hinaus festgehalten und weitergegeben. Auch nach Beendigung des letzteren haben die Nachwehen desselben im Norden und Westen eine Verbesserung in dieser Richtung nicht aufkommen lassen. Erst als die beiden grossen Erschütterungen im Anfange des 18. Jahrhunderts das Gleichgewicht der Machtverhältnisse Europas und damit eine einigermassen sichere Garantie für einen längeren Frieden wiederhergestellt hatten, begann man das bisher Versäumte endlich nachzuholen. Und die Männer, welche im Mittelpunkte dieser Bestrebungen standen, sind Johann Christoph Gottsched und Christian Wolff.

Beide haben, dieser in der Geschichte der Philosophie, jener in der der Litteratur, das gleiche Schicksal erfahren. Die scharfe Kritik der auf ihren Schultern zu einer höheren Stufe emporgestiegenen Folgezeit, die nach den Gesetzen des historischen Fortschritts unausbleiblich ist, wurde den bedeutenden Wortführern über ein Jahrhundert lang nachgesprochen, ehe man daran dachte, sich von diesem zwar scharfsinnigen, aber doch einseitigen Richterspruch unbeeinflusst ein eigenes Urteil zu bilden. Sie können darum als charakteristische Beispiele für jene vorhin erwähnten falschen Vorstellungen von dem damaligen Geistesleben gelten.

Aber während dem Leipziger Litteraten in Danzel ein Verteidiger erstanden ist, der mit reicher Sachkenntnis und unbefangenem Blicke wenigstens einem Teile seiner weitverzweigten Thätigkeit nachgegangen ist und ein getreues Bild derselben jenen voreingenommenen Darstellungen gegenübergestellt hat, ist für Wolff in dieser Richtung noch wenig geschehen. Denn die beiden älteren vorwiegend aus lokalpatriotischem Interesse hervorgegangenen Einzelschriften [1]) über ihn stehen noch durchaus unter dem Banne des allgemeinen absprechenden Urteils und gehen im besten Falle über vereinzelte schüchterne Auflehnungen gegen dasselbe nicht hinaus. Die neueren Darstellungen in den grösseren Geschichtswerken halten mit wenigen Ausnahmen trotz einiger anerkennenden Bemerkungen im einzelnen im ganzen doch an seiner durchgängigen Abhängigkeit von Leibniz und seiner lediglich formalen Bedeutung fest, wenn sie auch die Letztere schon etwas höher anschlagen als dies bis dahin geschehen war.[2]) Nur wenige verraten ein Gefühl von der Unrichtigkeit dieser Auffassung, ohne jedoch einen Angriff gegen dieselbe zu versuchen.[3]) An der Stelle aber, die für eine genauere Festlegung seiner Stellung zu dem grossen Vorgänger die geeignetste war, in der Einleitung zu dem Briefwechsel beider, wird die frühere Auffassung mit besonderer Schärfe und mit vernichtender Zurückweisung der schüchternen Berichtigungsversuche erneuert.

Der Herausgeber glaubte in diesen Briefen ein ausreichendes Korrektiv [4]) der Aeusserungen Wolffs über sein

---

[1]) Kluge, Christian von Wolff, der Philosoph etc. Breslau 1331, und Wuttke, Christian Wolffs eigene Lebensbeschreibung etc. Leipzig 1841.
[2]) So namentlich Zeller in seiner Geschichte der deutschen Philosophie, S. 269 ff.
[3]) Vergl. Joh. Eduard Erdmann und Hettner.
[4]) Vergl. die Einleitung S. 5 f.

Verhältnis zu Leibniz, wie sie sich in den Vorreden seiner Werke, in Briefen, vor allem aber in der nicht lange vorher von Dr. H. Wuttke veröffentlichten eigenen Lebensbeschreibung vorfinden, gefunden zu haben. Hierauf gestützt, werden die Versuche Wolffs, seine Selbständigkeit wenigstens in einzelnen Teilen geltend zu machen, als Beweise seiner Eitelkeit zurückgewiesen; die besonders in späteren Jahren hervortretenden Spuren einer abweisenden Kritik an dem grossen Vorgänger[1]) und vor allem die Aeusserungen über Anknüpfung und Wichtigkeit ihres brieflichen und mündlichen Verkehrs als unlautern Beweggründen entspringend verdächtigt. Und endlich hat Wolff nach der Ansicht Gerhardts seine ganze Berühmtheit eigentlich nur seinem Verhältnis zu Leibniz und seiner Beteiligung an den Acta eruditorum zu verdanken, während er selbst sie lediglich durch seine „ausserordentliche schriftstellerische Thätigkeit" und durch den „Schein der Neuheit", den er durch Anwendung der mathematischen Methode seinen Schriften verlieh, „nicht wenig zu erhöhen verstand".[2]) Bis jetzt aber hat es noch Niemand unternommen, nachzuprüfen, ob die angegebenen Quellen wirklich zu einem so

[1]) Ich denke hierbei vor allem an die Aeusserung Wolffs über die Theodicée in einem Briefe an Manteuffel vom 13. Dezember 1743: „Dass er (Prof. Bose) die belles lettres überall einmengen will, hat mir nicht gefallen und ist heut zu Tage nirgends mehr der Geschmack davon, als in Holland. Daher nehme mir nicht die Geduld, was dahin gehört zu lesen, sondern übergehe es: wie ich auch aus dieser Ursache des Herrn von Leibnitz Theodicée nicht gantz durchlesen können, sondern vielmehr nur oculo fugitivo durchblättert habe, ob ich gleich davon die recensionem in die Acta gemacht, indem ich mir das herausgenommen, was zur Sache gehöret: worinnen ich ihm auch selbst ein Genügen gethan." Gerhardt, (S. 12 Anm.) und Wuttke, (S. 83) citieren diese Stelle voll Entrüstung; und doch ist diese Auffassung Wolffs von der genannten Schrift aus seiner Denkweise wohl verständlich, in gewissem Sinne könnte man vielleicht sogar sagen, berechtigt; jedenfalls wird man beim Durchlesen seiner erwähnten Anzeige für die Acta (1711 S. 110—121 u. S. 159—161) erkennen, dass sie vollkommen ehrlich ist.
[2]) A. a. O. S. 12.

vernichtenden Urteil eine Berechtigung oder eine Veranlassung geben.

Und doch hat Wolff vielleicht ein ungleich grösseres Anrecht auf eine solche Verteidigung als sein Leipziger Kollege und Leidensgefährte. Denn erstlich ist dieser selbst, wie neuere Untersuchungen,[1]) Danzel ergänzend, überzeugend nachgewiesen haben, in mehr als einer Richtung seinen Spuren erst gefolgt und hat auch in seiner glänzendsten Zeit den Einfluss des Philosophen nie verleugnet. Dann aber ist Wolff persönlich der bedeutendere und für die Geistesgeschichte jener Zeit der wichtigere. Endlich kommt dazu, sollte man meinen, noch ein nationales Interesse. In seinem philosophischen System hat er gerade während jener klassischen Periode ausländischen Einflusses, dessen Vorkämpfer ja auch Gottsched in mancher Richtung gewesen ist, ein in seinem Aufbau von diesem ganz unabhängiges, ja im bewussten Gegensatz gegen ihn entstandenes oder doch ausgeführtes nationales Werk errichtet, das dem Auslande schon Respekt vor dem deutschen Geiste einflösste, lang ehe die Blütezeit deutscher Wissenschaft und Kunst denselben zu einem dauernden gemacht hat. In Deutschland selbst aber ist es für mehr als ein halbes Jahrhundert die Grundlage der philosophischen, der wissenschaftlichen, ja vielleicht überhaupt der geistigen Entwicklung geblieben und hat darum an der Heraufführung jenes glänzenden Zeitalters einen wesentlichen Anteil.

Ist dieses System wirklich im „wesentlichen kein anderes als das Leibnizische", wie Zeller erklärt,[2]) oder „eine Systematisierung der Leibnizischen Gedanken", wie Ueberweg es nennt?[3]) Handelt es sich hier wirklich nur um

---

[1]) Vergl. Benno Erdmann, Martin Knutzen und seine Zeit, und vor allem die Schrift von Eugen Wolff über Gottsched. Kiel und Leipzig 1895.

[2]) Geschichte der deutschen Philosophie, S. 213: „Dieses System war nun im wesentlichen kein anderes, als das Leibnizsche".

[3]) Bd. III, S. 167: „Die nächste Aufgabe der Philosophie in Deutsch-

einen Versuch, die Errungenschaften des verstorbenen Denkers in eine neue Form gebracht, „als Eigentum in Anspruch zu nehmen", wie Gerhardt vermutet?[1]) Mit mehr oder weniger Schärfe oder Bestimmtheit wird man diese Ansicht wohl fast allgemein herrschend finden, und nur wenige Stimmen mahnen dem gegenüber zur Vorsicht. Schon Johann Eduard Erdmann und Hermann Hettner haben ihren Zweifel an der völligen Durchführbarkeit dieser Auffassung ausgesprochen. Erst Kuno Fischer ist ihr in der dritten Auflage seines Werkes über Leibniz wirklich entgegengetreten.[2]) Wolff ist hier nicht mehr der Schüler, sondern der Fortbildner Leibnizens, sein System nicht mehr die Systematisierung der Leibnizischen Gedanken, sondern die Vereinigung der drei metaphysischen Systeme der neueren Philosophie unter sich, mit der Erfahrungsphilosophie und auch mit den beiden älteren Schulsystemen; ihre Vereinigung und damit ihre Verwertung, ihre Verbreitung vor allem in Deutschland. Damit ist die eigentliche Bedeutung der Wolffischen Philosophie zum ersten Male in das rechte Licht gerückt und sie darin zu erhalten, dazu soll auch die folgende Untersuchung beitragen.

---

land war die Systematisierung der Leibnizischen Gedanken. Dieser Aufgabe hat sich mit Talent und Erfolg Christian Wolff unterzogen".

[1]) A. a. O. S. 4 f.
[2]) S. 616 f.: Die Fortbildung der Leibnizischen Lehre. 1. Das eklektische System. Christian Wolff.

Christian Wolffs Lehrzeit.

Wolff war beinahe sechsundzwanzig Jahre alt, als er zum ersten Male mit Leibniz in Berührung kam. Er hatte seine Breslauer Schulzeit, ein mehr als vierjähriges Studium und eine fast einjährige Dozententhätigkeit hinter sich. Man hat diesen Umstand viel zu wenig beachtet und auf diese Lehrjahre nur geringen Wert gelegt.

Er selbst war darüber anderer Meinung; das zeigt die Vorliebe, mit der er sowohl in seinen Schriften, wie auch besonders in den für Baumeister niedergeschriebenen Notizen, seiner sogenannten Selbstbiographie, bei dieser ersten Ausbildungszeit verweilt.[1]) Eine vergleichende Zusammenstellung der verschiedenen darüber erhaltenen Nachrichten wird darum wohl auch für die dieser Untersuchung vorschwebende Aufgabe nicht ohne Nutzen sein, kann aber hier natürlich nur angedeutet, nicht vollständig ausgeführt werden.

Schon ganz äusserlich scheidet sich die Ausbildungszeit in drei Teile: in die Breslauer Schulzeit, die Jenenser Studienjahre und die Leipziger Dozentenzeit.

---

[1]) Das von Heinrich Wuttke unter dem Titel: „Christian Wolffs eigene Lebensbeschreibung" herausgegebene Manuskript enthält nur die Notizen Wolffs zu der kleinen Schrift Baumeisters: Vita fata et scripta Christiani Wolfii Philosophi, welche er diesem zur Benutzung für eine neue Auflage zur Verfügung stellte. Vergl. den im Manuskripte beigehefteten Briefwechsel Wolffs und des Bürgermeisters Gehler mit dem Rektor Baumeister.

Die auf der Schule erhaltenen Eindrücke und Anregungen sind häufig für bedeutende Männer wichtig, ja massgebend für die ganze spätere Entwicklung. Das trifft in ganz besonderem Grade auch für Wolff zu. Die Beschäftigung mit der scholastischen Philosophie auf dem Breslauer Gymnasium hat, so scheint es, von Anfang an, wohl unter dem Einfluss seines derselben abgeneigten Lehrers Christian Gryphius,[1]) einen polemischen, kritisierenden Charakter getragen und wird auch so wohl über eine Kenntnis und Uebung der Schullogik nicht wesentlich hinausgegangen sein. Dass diese Abneigung sich nicht, wie es bei dem genannten Lehrer der Fall war, auf die Beschäftigung mit der Philosophie überhaupt ausdehnte, dafür sorgte, abgesehen von dem eigenen Interesse des Knaben, der Einfluss zweier Kollegen des vorhin genannten: Gottfried Pohls und Kaspar Neumanns. Von dem ersteren wissen wir nur, dass er den befähigten, aber unbemittelten Schüler unentgeltlich auch an seinen Privatlektionen teilnehmen liess und ihm den Gebrauch seiner Bibliothek gestattete.[2]) Noch bis weit in seine Hallenser Zeit hinein ist Wolff mit ihm in brieflichem Verkehr gestanden.[3]) Genauer unterrichtet sind wir über die Einwirkungen des anderen.

Der feinsinnige, in seiner Vaterstadt hochgeachtete, auch sonst in der gelehrten Welt bekannte und geschätzte Theologe, der sich, wie Leibniz, von Weigel in Jena in die mathematischen Wissenschaften und die cartesianische Philosophie hatte einführen lassen, mag dem jugendlichen Zögling, der ja damals auch an eine theologische Laufbahn dachte, beiden Wissenschaften aber doch auch ein reges Interesse

---

[1]) Vergl. Wuttke, S. 114.
[2]) Ebenda, S. 112.
[3]) Am 31. Mai 1715 schreibt Wolff an Gehler: „Bey dieser Gelegenheit habe mich ihres Wohlstandes erkundigen und zugleich bitten wollen mich zu berichten, durch was vor Gelegenheit mein neuliches Paquet an den Herrn Prof. Pohlen nach Bresslau gegangen, weil mir viel daran gelegen, dass es nicht verlohren gehet."

entgegenbrachte, als ein Vorbild vorgeschwebt haben. Jedenfalls hatte er durch seine Religionsstunden, durch die fleissig besuchten Predigten und wohl auch durch persönlichen Verkehr reichliche Gelegenheit, auf den aufgeweckten und vielversprechenden Knaben, der sich durch Fleiss und Geschicklichkeit vor seinen Mitschülern hervorthat,[1]) einzuwirken. Wolff hat ihn zeitlebens hochgestellt und, obgleich er seinen Plänen später einmal hindernd in den Weg getreten ist und seiner Laufbahn damit eine andere Wendung gab, stets mit der grössten Verehrung von ihm gesprochen.[2]) Von Neumann ist er zuerst auf die Wichtigkeit der Mathematik hingewiesen und in die cartesianische Philosophie eingeführt worden, ihm hat er zuerst seine Zukunftspläne eröffnet, ja er will sogar durch seinen Rat zu seiner Lebensaufgabe, die er sowohl am Anfang, wie am Ende seiner Laufbahn als solche bezeichnet hat, gelangt sein.

Neumann wünschte, wie viele aufgeklärte Theologen und fromme Gelehrten seines Zeitalters, eine Versöhnung und Vereinigung der christlichen Religion und der modernen Wissenschaft. Die scharfe Trennung und den feindlichen Gegensatz zwischen beiden, den die jüngere Generation immer mehr zu erweitern suchte, glaubte er in Uebereinstimmung mit den noch vorwiegend religiös gesinnten

---

[1]) Vergl. die Berichte Bernds in seiner eigenen Lebensbeschreibung. Leipzig 1738.

[2]) „Ob ich nun aber gleich wusste," schreibt er in dem Briefe an Haude, in welchem er diesem jene Verhinderung seiner Anstellung in Breslau erzählt (vom 1. Nov. 1739), „dass er mir im Wege gestanden, in meinem Vaterlande befördert zu werden, so habe doch die Hochachtung gegen ihn, die von Kindheit an gehabt, nicht im geringsten fahren lassen, sondern, da ich von ihm viel Gutes gelernet, auch auf seinen Rath auf die Studia verfallen, die mich auf den rechten Weg gebracht, werde auch meine Dankbarkeit gegen ihn unverletzt behalten, und nichts widriges, sondern alles, was zu seinem Ruhme dienet, von ihm schreiben, wovon auch schon Proben in meinen Schriften anzutreffen." S. Büsching: Beyträge zu der Lebensgeschichte denkwürdiger Personen etc. I. Teil. Halle 1783.

älteren Physikern überbrücken und umgehen zu können. Die Theologie sollte lernen von der Naturwissenschaft und der Mathematik; sie sollte deren Methode zu der ihrigen machen. „Ich beklage," schreibt er an Leibniz, „dass itzund fast die ganze gelehrte Welt in regno Naturae sich auf Experimenta leget und Observationes schreibet, aber kein Mensch dergleichen in regno gratiae oder in der Theologia zu thun gedenket, da wir doch auch in dieser Regierung unseres Gottes, wenn man nur wollte Achtung geben auf das Werk seiner Hände, alle Augenblicke würde Gelegenheit finden, mit Petro zu sprechen: nun erfahre ich in der Wahrheit und also unser ganzes Christentum mit lauter Experimentis würden darthun können. Es ist dieses eine Arbeit, in welcher ich schon oft einen Anfang zu machen mir vorgenommen habe, aber auch allemal gewünschet, dass etliche solche Freunde sein möchten, unter welchen ein jedweder ein gewisses Anteil dieser Arbeit besonders vor sich nehmen möchte..."[1]) Wie er sich in jener Zeit die Verwirklichung dieses dem ersten Blicke etwas abenteuerlichen Planes etwa vorstellte, zeigen die Betrachtungen, deren Uebersendung die Veranlassung zu dem erwähnten Schreiben wurde. Es sind die Sterblichkeitslisten, die Neumann aus den Registern der Stadt Breslau für englische Gelehrte zusammenstellte,[2]) und die er auch Leibniz mitteilte. „Noch zur Zeit," schreibt er in demselben Briefe, „kann man freilich nicht sehen, was eigentlich der Nutzen davon sein werde. Sollte aber Gott das Leben so lange fristen, dass man die Rechnungen etzlicher Jahre zusammenbringen könnte, oder auch jemand in einer anderen Stadt dergleichen Observationes machen, und kommunizieren, so würden alsdann schöne Anmerkungen göttlicher Providenz über unser Leben und Tod,

---

[1]) Ende 1689. S. Guhrauer: Leben und Verdienste Kaspar Neumanns etc. Schlesische Provinzialblätter. N. F. 2. Bd. Glogau 1863. S. 7—17, 141—151, 202—209, 263—272.

[2]) Näheres s. bei Dr. J. Grätzer: Edmund Halley und Kaspar Neumann. Breslau 1883.

Erhaltung und Vermehrung der Welt, und dergleichen mehr können gemacht, auch vielerlei Aberglaube desto besser aus der Erfahrung widerleget werden."[1]) Von diesen Gedanken seines Lehrers, die höchst charakteristisch für den Mann sowohl, wie für seine Zeit waren, hat Wolff offenbar nichts gewusst, er würde sie sonst in der Vorrede zu einem ähnliche Untersuchungen enthaltenden Werke, in der er jene englischen Arbeiten, an denen Neumann regen Anteil nahm, besonders erwähnte, wohl nicht übergangen haben.[2]) Nach seinen Berichten galten Neumanns Bestrebungen in jener Zeit vor allem einer Anwendung der demonstrativischen Lehrart auf die geoffenbarte Theologie oder doch wenigstens auf die theologische Moral und einer Aussöhnung der Glaubenslehren mit den Resultaten der neueren Naturforschung. Die geoffenbarten Wahrheiten sollten durch eine dem Zeitgeschmack angepasste Darstellungsweise dem gebildeten Publikum näher gebracht und gleichzeitig mit denselben Waffen, die sie bis jetzt nur stets bedroht und angegriffen hatten, unterstützt und verteidigt werden.[3]) Es war ein merkwürdiger Plan einer protestantischen Scholastik auf moderneren Grundlagen, der in jener Zeit übrigens häufig auftaucht und von dem sich auch bei Leibniz Spuren nachweisen lassen. Hier trafen aber die Jugendpläne seines begabten Schülers mit den seinigen zusammen und es ist kein Wunder, dass er diesen in seinem Vorhaben bestärkte, als er ihm seine Pläne eröffnete.

„Rara avis Theologus, Physicus et Mathematicus," sagte er ihm beim Abschied, als Wolff, durch ein Stipendium des Breslauer Rats unterstützt, zur Universität zog, damals wohl mit der bestimmten Absicht, nach Beendigung seiner

---

[1]) S. S. 10 Anm. 1.
[2]) Vorrede zu Süssmilch: Von der göttlichen Ordnung in den Veränderungen des menschlichen Geschlechts. Halle 1741. Kleine Schr., S. 93.
[3]) Vergl. Wuttke, S. 139 und Ausführl. Nachricht von seinen Schriften etc. Frankfurt 1726. S. 117 u. 392.

Studien in die Dienste seiner Vaterstadt zu treten.[1]) Es kam aber anders. Noch als der junge Leipziger Magister seinen ersten wissenschaftlichen Versuch ihm vorlegte, hatte ihm Neumann freundlich aufmunternd geantwortet, und es entspann sich dadurch ein Briefwechsel zwischen beiden.[2]) Als er aber in einer seiner späteren Dissertationen in einem Corollarium anknüpfend an ein Citat aus Huygens die Alleingültigkeit des coperincanischen Systems für wissenschaftliche Betrachtung proklamierte,[3]) hielt ihm der Theologe vor, „man müsse mehr Veneration gegen die Schrift haben, als dergleichen zu behaupten". In seiner Antwort betonte Wolff die Unabhängigkeit der Wissenschaft von der Schrift, welche „nur in phaenomenorum recensione acquiescierte, nicht aber dieselben erklärte", und kränkte den früheren Lehrer noch persönlich ganz empfindlich, indem er von dessen wunderlicher Auslegung der hebräischen Wörter, auf welche dieser sich viel zu Gute that, abfällig urteilte. Damit war der Bruch geschehen; Neumann schrieb zurück, „solche principia, dass nemlich in der Schrift blos phaenomena angeführet, nicht aber rationes phaenomenorum gegeben würden, hegten die Spinosisten", er erkenne daraus, dass Gott ihn der Universität gewidmet hätte, und da solle er ihn sein Glück finden lassen, und widersetzte sich energisch einer Anstellung Wolffs am Elisabethanum, welche im gleichen Jahre in Frage kam.[4]) Wolff hat das erst über ein Jahr später

---

[1]) Vergl. Wuttke, S. 120.
[2]) Vergl. Ausführl. Nachricht. S. 392. Ratio praelectionum. 2. Aufl., S. 189.
[3]) Gemeint ist das sechste Corollarium der Dissertation de algorithmo infinitesimali etc: Recte Hugenius in Cosmotheoro p. 14, omnes, inquit, Astronomi, nisi tardiores sint ingenio, aut hominum imperio obnoxiam credulitatem habeant, motum Telluris locumque inter planetas absque dubitatione decernunt. Melet. I, S. 289.
[4]) Ueber das Zerwürfnis mit Neumann vergl. den schon erwähnten Brief an Haude vom 1. November 1739 und die Nachrichten in Bernds eigener Lebensbeschreibung. Vergl. S. 9. Anm. 1 u. 2.

erfahren, damals, als er kurz nach seiner Anstellung in Halle zum letzten Male in seine Vaterstadt zurückkehrte, wo ihn Neumann übrigens mit derselben Freundlichkeit wie früher behandelte. Vorher antwortete er auf dessen Vorhaltungen, indem er Spinoza ihm gegenüber in Schutz nahm, die von Neumann beanstandete Briefstelle seiner nächsten Dissertation als Corollarium anheftete [1]) und in einem Schreiben an Leibniz seiner Entrüstung über einen solchen Missbrauch der heiligen Schrift Luft machte.[2]) Der an sich unbedeutende Streit nimmt sich wie ein Vorspiel des ihm bevorstehenden grösseren aus und charakterisiert jedenfalls die damaligen Anschauungen zweier grosser Parteien in der deutschen Gelehrtenwelt. Für Wolff war damit der Verzicht auf eine theologische Laufbahn, die er bis dahin noch stets im Auge gehabt hatte, entschieden, und es waren nur äusserliche Verhältnisse, welche ihn später noch einmal auf diese Jugendabsicht zurückgreifen liessen.[3]) Die Stelle aber, welche den Anlass zu der Entzweiung beider Männer gegeben hat, findet sich in derselben Dissertation.

---

[1]) Corollarium 10 der Dissertation: Methodus serierum infinitarum: „Cum scriptura sacra phaenomena rerum naturalium tantum recenseat, nonvero resolvat; quaestiones ad historiam naturalem spectantes, ubi eas attingis, inde quidem decidi possunt, nequaquam tamen quae pertinent ad scientiam naturalem". Melet. T. S. 319.

[2]) Leipzig, 5. Mai 1706. Gerh. S. 54. „ . . . Corollarium ultimum in eorum gratiam adjeci, qui Scripturam sacram interpretaturi non in notiones Spiritus inquirunt et ex earum consideratione eruenda eruunt, sed praejudicia propria pro conclusionibus venditant, et acquisitam aliunde notitiam in Scripturam inferunt, atque in eos, qui ipsorum placitis adversa statuunt, impetuose invehuntur . . ." Bemerkenswert ist Leibnizens Antwort auf diese Stelle in seinem nächsten Briefe: Gerh. S. 57. „Haud dubie autores sacri locuti sunt de motu Astrorum, ut nos loqueremur in Historia quantumvis Copernicani. Interim nec eorum diligentiam aspernor, qui in ipsa sacra scriptura interioris doctrinae vestigia vestigant".

[3]) Im Jahre 1709, als er sich um eine theologische Professur in Helmstadt bewarb. Vergl. die Briefe an Leibniz vom 5. und 8. Mai und 19. Juni 1709.

welche der junge Dozent Leibniz gewidmet hatte. Hier zeigt sich auch äusserlich die zeitliche Grenze für den Einfluss beider Männer.

Es war wohl auch das Beispiel und der Rat Neumanns, welche Wolff bewogen, die Universität Jena für seine Studien auszuwählen. Noch von Weigels Zeiten her genoss diese den Ruf der besten deutschen Hochschule für Mathematik. Den Lehrstuhl derselben hatte damals Professor Hamberger inne, und seinen Vorlesungen galt in der ersten Zeit die Hauptthätigkeit und der Haupteifer Wolffs. Denn wenn er die Mathematik zuerst nur um der Methode willen als Nebenstudium betrachtete und betrieb, so gewann sie ihn doch mehr und mehr und trat sogar eine zeitlang in den Mittelpunkt seiner Beschäftigungen. Durch die grossen Entdeckungen in den letzten Jahrzehnten des vergangenen Jahrhunderts stand diese Wissenschaft damals im Vordergrunde des allgemeinen Interesses; im Anschluss an diese glänzenden Leistungen des durch mathematischen Unterricht geschärften Verstandes hatte sich die Meinung gebildet, dass die Erfindungskunst innerhalb der Mathematik, d. h. die Auffindung unbekannter Grössen aus bekannten, nur eine spezielle Anwendung einer allgemeineren Kunst sei, deren Regeln aus der Verallgemeinerung der in jener Disziplin bisher gebrauchten gewonnen werden könnten.[1]) Die Auffindung jener Regeln hat die bedeutendsten Männer der Zeit beschäftigt und ward auch für Christian Wolff eine neue Anreizung zu gründlichem Studium der mathematischen Wissenschaften. Die Unzulänglichkeit des Unterrichtes in

---

[1]) Vergl. Wolff in Entdeckung der wahren Ursache von der wunderbaren Vermehrung des Getreides etc. Halle 1718. III § 1.
„... denn weil ich die Rechenkunst als einen besondern Theil der Erfindungskunst angesehen, und die Mathematik anfangs in keiner anderen Absicht erlernt, als dass ich die Maximen nachzudenken dadurch erführe; so habe ich gleich anfangs darauf gedacht, wie ich die Maximen der Rechenkunst auch ausser derselben in Erkänntnis Gottes, der Seele und der Natur gebrauchen könnte."

denselben auf der Schule und die Mangelhaftigkeit der für Anfänger verständlichen Lehrbücher liessen ihn auf diesem Wege nur langsam vorwärts kommen. Auch Hambergers Vorlesungen boten ihm in dieser Richtung, so scheint es, nicht sehr viel. Um so begieriger war er denn, das Werk kennen zu lernen, das durch seinen Titel schon mit der Anmassung auftrat, jene bisher vergeblich gesuchte ars inveniendi bieten zu wollen. Er kam damit in die Bahnen Ehrenfried Walthers von Tschirnhausen und jener neueren philosophischen Richtung, welche mit dem um sie angesammelten unnützen Formelkram die ganze Aristotelische Logik und Metaphysik als unfruchtbar abschütteln und an ihre Stelle jene eigentümliche auf mathematischem Boden erwachsene Erkenntnislehre setzen wollte.

Der Einfluss Tschirnhausens auf Wolff ist in sehr vielen Darstellungen seiner Lehre weit überschätzt worden. Derselbe ist nur eine ganz beschränkte Zeit lang wirklich massgebend gewesen, und nur einige wenige Gedanken hat er auch fernerhin beibehalten.[1]) Ganz richtig fühlte er sofort den Mangel des Buches heraus, das seine sämtlichen Regeln nur an mathematischen, speziell geometrischen Beispielen vordemonstrierte, während die eigentliche Hauptaufgabe, die Anwendung der Erfindungskunst auf andere Wissenschaften, unberücksichtigt blieb.[2]) Als er seine Bedenken hierüber dem Verfasser selbst gegenüber aussprach, vertröstete ihn dieser auf spätere Teile des Werkes. Diese aber sind nicht erschienen, und als man nach Tschirnhausens Tode aus seinen hinterlassenen Manuskripten weitere Aufklärungen erwartete, da sah man sich auch in dieser Hoffnung getäuscht. Er hatte vor seinem Tode alle Papiere verbrannt.[3]) Wolff hat dann in seinen Vorlesungen in Leipzig an das Werk Tschirnhausens anknüpfend, eine solche

---

[1]) Ueber Wolffs Stellung zu Tschirnhausen erfahren wir genaueres von ihm selbst in der Ratio pralect. phil. cap. II.
[2]) Ebenda, § 20.
[3]) Wuttke. S. 125 ff.

Anwendung der dort gegebenen Regeln auf eigene Faust versucht und in seiner freien Zeit eifrig nach den Regeln weitergeforscht, so dass ihn Leibniz einmal vor allzu beharrlichem Streben und einseitiger Beschränkung auf dieses Problem gewarnt hat.[1]) Völlig ist er aber von diesen Untersuchungen nie abgekommen, wenn er ihnen später auch nicht mehr den grundlegenden Wert zuschrieb, an den er damals noch fest glaubte.

Tschirnhausen sowohl als Professor Hamberger teilten mit der französischen Philosophie die Verachtung der ganzen Schullogik und Metaphysik, der scholastischen wie der aristotelischen. Wolff folgte in dieser Richtung seinen Lehrern,[2]) ja, er will sogar in seinen Studentenjahren eine „schlechte Idee" von Leibniz gehabt haben, weil dieser jene damals allgemein verachteten Lehren zu verteidigen wagte,[3]) was ihm von seinen Gegnern als ein aus seinen scholastischen Jugendstudien verbliebenes Vorurteil ausgelegt wurde. An dieser Abneigung haben auch die philosophischen Studien unter dem der Scholastik geneigten Hebenstreit nach seiner Magisterpromotion nichts geändert, und in derselben Schrift, in welcher er sich nach Neumanns Ansicht von der Theologie losgesagt hatte, warf er auch der Schullogik öffentlich den Fehdehandschuh hin durch die These: „Syllogismus non est medium inveniendi veritatem".[4]) Gleich in seinem ersten Briefe hat ihm darauf Leibniz ganz beiläufig erklärt, dass er diese Ansicht nicht teilen könne. Diese Bemerkung, wie die vergeblichen Bemühungen um eine von der Schlusslehre unabhängige ars inveniendi, haben Wolff wieder zur überlieferten Logik zurückgeführt, zu

---

[1]) Vergl. den Brief Wolffs vom 30. Dezember 1705. Gerh. S. 52. „Cousilium de non anxie conquirendis Artis inveniendi praeceptis generalibus perplacet."
[2]) Wuttke, S. 139 f.
[3]) Ebenda S. 116. Anm. 1.
[4]) Es ist das dritte Corollarium der angeführten Dissertation.

welcher nur einige Tschirnhausensche Gedanken ergänzend hinzutraten.

Neben der Mathematik wollte Wolff in Jena hauptsächlich die cartesianische Philosophie studieren. In dieser Richtung scheinen ihm aber die Vorlesungen sehr wenig geboten zu haben, und er war wohl ganz auf das Quellenstudium angewiesen, von dem er in seinem zweiten Briefe an Leibniz eine Uebersicht giebt. Die Resultate dieser Studien finden sich zerstreut in den Dissertationen und in den diesen angehängten Corollarien. Sofort aber fiel ihm die Lücke in diesem System auf, welches die theoretische Philosophie zwar verbessert, die praktische aber beinahe unberührt gelassen hatte. Der schon unter Neumanns Einfluss gefasste Plan einer Darstellung der theologischen Moral nach der demonstrativischen Lehrart ward damit von neuem angeregt und umgestaltet. Die philosophische Begründung der Moral wählte er sich zur Lebensaufgabe, und ihr galt seine erste Schrift. Diese seine Dissertation: philosophia practica universalis, mathematica methodo conscripta etc., durch welche er sich die Erlaubnis, an der Universität Leipzig Vorlesungen zu halten, erwarb, verschaffte ihm einen einflussreichen Freund und Gönner. Professor Otto Mencke, der Leiter der lateinischen Zeitschrift: Acta eruditorum wurde auf den jungen Dozenten aufmerksam, erkundigte sich bei ihm nach seinen Studien und wies ihn zuerst auf die damals in Deutschland noch sehr wenig verbreitete neuere Mathematik hin, da er in diesem Fache einen Mitarbeiter an seiner Zeitschrift notwendig brauchte. Wohl auf seinen Rat benutzte Wolff die Jahre 1704 und 1705, um Englisch und Französisch zu lernen, damit er so auch die Anzeigen der ausländischen Schriften übernehmen könne. Am 4. November 1705 übersendet Mencke Wolffs Recension der Newtonschen Optik an Leibniz „mit gehorsamster Bitte, solche mit Fleiss durchzulesen und ob sie so passieren könne, ohnbeschwert zu berichten". „M. Wolff," fährt er fort, „hat erst diesen Sommer Englisch gelernt und kann leicht etwas versehen haben und ich möchte gern versichert sein, ob ich mich auf seine recensiones verlassen könnte." ¹) Die Antwort Leibnizens konnte ich nicht finden; da aber die Recension schon im Februarheft des folgenden Jahres erscheint, ist nicht anzunehmen, dass Leibniz daran etwas auszusetzen hatte. Um jene Zeit hatte sich der junge Dozent dem Leipziger Litteraten schon so unentbehrlich gemacht, dass dieser seiner Furcht, man könne ihn durch eine Wegberufung verlieren, Leibniz gegenüber ernstlichen Ausdruck verleiht. Auch Johann Burchard Mencke, der nach seines Vaters Tode 1707 die Leitung der Zeitschrift übernahm, weiss Wolffs Verdienste nicht genug zu rühmen und nimmt den Beistand Leibnizens in Anspruch, um ihn von seinem Plane, nach Russland zu gehen, abzubringen. ²) Man wird diese Wertschätzung begreifen, wenn man das Verzeichnis der von ihm für die Acta angefertigten Auszüge nachsieht. Wolff hat in den 12 Jahren von 1705—1717 nach Ludovicis Zusammenstellung 284 Bücher der verschiedensten Materien in den Acta angezeigt. ³)

Fassen wir jetzt kurz noch einmal die ersten Eindrücke, die für Wolff massgebend waren, zusammen:

Der unter Neumanns Einfluss gefasste Plan einer Darstellung der theologischen Moral nach mathematischer Methode hatte zum Studium der Mathematik geführt. Dieses, zunächst nur als Nebenbeschäftigung begonnen, war bald in den Mittelpunkt der Studien getreten, vor allem durch das Forschen nach der auf mathematischer Grundlage gebauten ars inveniendi unter dem Einfluss Tschirnhausens. Die Beschäftigung mit der cartesianischen Philosophie hatte ihm

---

¹) Aus dem ungedruckten Briefwechsel Leibnizens mit Otto Mencke in Hannover.
²) S. ebenda.
³) Wolffsche Philosophie II, S. 184.

die Lücke derselben gezeigt, und die alte Aufgabe aus der Breslauer Zeit tritt in erweiterter Gestalt von neuem in den Vordergrund. Sein Lehramt in Leipzig und die Mitarbeit an der Menckeschen Zeitschrift weisen ihn aber wieder fast ganz auf die mathematischen Beschäftigungen, durch welche er ja auch in erster Linie mit Leibniz in Berührung kommt.

Der Briefwechsel zwischen Leibniz und Wolff.

„Es ist mir nicht unbekannt," sagt Wolff in seiner Vorrede zu der Uebersetzung der Streitschriften zwischen Leibniz und Clarke, „dass viele in dem Gedanken stehen, als wenn ich durch Briefe von dem Herrn von Leibniz vieles in metaphysischen und anderen zur Weltweisheit gehörigen Dingen kommuniziert bekommen; ja einige sind gar der Meinung, als wenn ich mich einige gute Zeit bei ihm aufgehalten hätte. Allein wie das Letztere an sich unrichtig ist; so hat mir, was das andere betrifft, der Herr Uebersetzer dieser Streitschriften einen Auszug aus einem Briefe gezeiget, den der Herr von Leibniz in Französischer Sprache an einen Gelehrten in Frankreich geschrieben, darinnen er gesteht, er hätte mit mir in zur Weltweisheit gehörigen Sachen niemals konferiret, und könnte ich von seinen Meinungen nichts wissen, als was in öffentlichem Drucke vorhanden wäre. Dieses schreibe ich zu dem Ende, damit man weder alles, was ich geschrieben, für des Herrn von Leibniz Meinung annehme; noch auch von mir glaube, ich hätte den Vorsatz, dieselben in meinen Schriften zu verteidigen."

Der Brief Leibnizens, auf den Wolff sich hier beruft,

ist der an Nikolas Remond vom Juli 1714.¹) Heinrich Köhler, der Herausgeber der oben angeführten Uebersetzung der Streitschriften, war Begleiter und Sekretär Leibnizens während seines Wiener Aufenthaltes und hat sich in dieser Eigenschaft leicht Kenntnis von jenem Schreiben, das übrigens schon 1720 in der Sammlung Des Maizeaux's abgedruckt worden ist,²) verschaffen können. Der französische Verehrer Leibnizens schreibt am 5. März 1714 an den Philosophen, er habe von einer Schrift Wolffs über die Seele gehört, nehme an, dass sie Leibnizische Gedanken enthalte und bitte für den Fall, dass Leibniz sie nicht missbillige, eine Uebersetzung derselben ins Lateinische oder Französische veranlassen zu wollen.³) Leibniz antwortet darauf ausweichend: „Monsieur Wolfius est entré dans quelques uns de mes sentimens; mais comme il est fort occupé à enseigner, surtout les Mathematiques, et que nous n'avons pas eu beaucoup de communication ensemble sur la philosophie il ne sauroit connoitre presque de mes sentimens que ce que j'en ay publié. J'ai vu quelque chose que des jeunes gens avoient écrit sous luy; j'y trouvay bien du bon, il y avoit pourtant des endroits dont je ne convenois pas. Ainsi s'il a écrit quelque chose sur l'ame, en Allemand ou autrement, je tacheray de le voir pour en parler". Leibniz hat sich daraufhin bei Wolff nach diesem Werke erkundigt;⁴) weiteres aber lässt sich darüber in dem für jene Zeit allerdings besonders unvollständig vorhandenen Briefwechsel Beider nicht mehr finden. Eine französische Uebersetzung ist damals jedenfalls trotz nochmaliger Erinnerung von seiten Remonds⁵) nicht erschienen.

¹) Philosophische Schriften, herausgegeben von Gerhardt, Bd. III. S. 619.
²) Recueil de diverses pièces sur la philosophie etc. par M. Leibniz etc. Amsterdam 1720. II, S. 161.
³) Philos. Schriften, herausgegeben von Gerhardt, III. S. 616.
⁴) Briefwechsel, S. 159.
⁵ Philos. Schriften, herausgegeben von Gerhardt, III, S. 627.

Dem letzteren jener beiden von Wolff in der Vorrede erwähnten Gerüchte hat dieser selbst ja weiter keine Bedeutung beigemessen, und auch später ist es niemand eingefallen, eine mündliche Belehrung Wolffs durch Leibniz zu behaupten oder zu verteidigen. Er ist allerdings im Herbst 1706 einige Tage in Berlin mit Leibniz zusammen gewesen. aber die damalige Anwesenheit galt in erster Linie der Regelung seiner Anstellung in Halle. Gesprochen wurde ja wohl auch über philosophische Probleme, so vor allem über die Frage nach dem Ursprung der Bewegung und ihre Gesetze, aber die daran anknüpfenden Erörterungen im Briefwechsel zeigen zur Genüge, dass es zu einer Verständigung oder gar einer Belehrung nicht gekommen war. Auch in das Manuskript der Theodicee, das Leibniz ihm damals zeigte,[1] scheint Wolff nicht tiefer hereingeschaut zu haben. Auf die Besuche des grossen Philosophen in Halle wird an einer anderen Stelle näher eingegangen werden; hier können sie jedenfalls ebensowenig in Betracht kommen, wie der Wolffs in Berlin. Ein Blick in den doch recht umfangreichen Briefwechsel aber könnte den Eindruck erwecken, dass trotz jener bestimmten Abweisung von beiden Seiten das andere der von Wolff erwähnten Gerüchte doch nicht ganz so ungegründet war. Gerhardt glaubte dies durch einfache Veröffentlichung des Briefwechsels dargethan zu haben und weist zur Bekräftigung in seiner Einleitung nur auf jene zahlreichen Stellen hin, in denen der junge Dozent selbst versichert, welche reiche Belehrung und Förderung er den Briefen des berühmten Freundes verdanke.

Man konnte noch weiter gehen und sagen, Wolff habe dieses Gerücht selbst veranlasst oder doch genährt durch die Andeutungen, die er über seinen Verkehr und seinen Briefwechsel mit Leibniz allenthalben einfliessen liess. Noch kurze Zeit, ehe er sich so energisch gegen dasselbe ver-

---

[1] Vergl. den Brief Wolffs vom 8. November 1710. Gerhardt, S. 128.

wahrte, hatte er in seiner „Ratio praelectionum", wie auch in der von ihm herrührenden Anzeige dieser Schrift in den „Acta eruditorum", erzählt, wie ihn Leibniz in Briefen auf seine Hypothese von der prästabilierten Harmonie aufmerksam gemacht habe; und ein Jahrzehnt früher hatte er gar in seinem Glückwunschschreiben an seinen Landsmann und Jugendfreund Daniel Dietz von Mitteilungen gesprochen, die ihm Leibniz aus seinen unveröffentlichten Arbeiten über ein Problem der Dynamik gemacht habe.[1]) Wir sehen nach alledem, so einfach, wie Wolff meinte, lässt sich die Sache mit jenem Citate nicht abthun. Es gilt darum mit Uebergehung des Leibnizschen Zeugnisses, die Stichhaltigkeit des Gerüchtes an der Hand der Quellen selbst zu prüfen.

Der Briefwechsel zwischen Leibniz und Wolff, von dem sich der grösste Teil in der Königlichen Bibliothek zu Hannover, ein kleines Bruckstück auf der Universitätsbibliothek zu Göttingen befindet, ist von Gerhardt im Jahre 1860 nur unvollständig herausgegeben, von Bodemann in seinem Verzeichnis der Leibniz-Korrespondenz nur kurz beschrieben worden, so dass von berufener Seite in der Besprechung des letztgenannten Werkes der Wunsch nach einer genauen Beschreibung und Benutzung ausgesprochen worden ist.[2])

---

[1]) Melet II, S. 15: Nemo autem unquam de Mechanica melius meritus est Leibnitio, quem divina providentia nobis datum pia mente veneramur, ut ne ad interiora Geometriae et Naturae pariter atque Artis arcana aditus praecluderetur. Neque enim solum passim in Actis Eruditorum Lipsiensibus veras resistentiae solidorum, resistentiae medii et motus projectorum gravium in medio resistente, veram virium notionem hactenus omnibus ignoratam, veramque methodum aestimandi vires motrices publico impertiri dignatus; sed et leges conflictus corporum egregia methodo quaesivit quaesitasque invenit, quarum pro insigni sua humanitate quandam summam mecum communicare voluit, in publicum hactenus non prostantium.

[2]) von Benno Erdmann im Archiv für Geschichte der Philosophie, IV, S. 313.

Vollständig liegen uns, wie bei den meisten Briefwechseln der hannoverschen Bibliothek, nur die Briefe an Leibniz vor; von seinen eigenen sind, abgesehen von wenigen vollständigen Konzepten oder Abschriften, nur jene Auszüge vorhanden, die er seiner Gewohnheit gemäss — meist mit der Bemerkung: ex responsione — auf dem Briefe, den er beantwortete, selbst niederschrieb. Zwei Briefe Leibnizens, die schon Gottsched in seiner „Historischen Lobschrift" unter den Beilagen mitgeteilt hat, sind unter den Handschriften nicht mehr zu finden. So erhalten wir eine Gesamtzahl von 127 Briefen: 80 vollständige von Wolff, 47 mehr oder weniger ausgeführte von Leibniz. Eine chronologische Zusammenstellung mit Angabe des Aufbewahrungsortes und der Abdrucke mag zunächst die äussere Uebersicht bieten. Sie ist als Beilage der Abhandlung angefügt. Der Inhalt, soweit er biographisches oder philosophisches Interesse hat — mathematische Erörterungen nehmen daneben noch einen breiten Raum ein — soll im folgenden dargelegt und, soweit er für die Frage nach der wissenschaftlichen Selbständigkeit Wolffs in Betracht kommt, mit dessen anderen Aeusserungen verglichen werden.

Ueber die Anknüpfung des Briefwechsels erzählt Wolff in seiner sogenannten Selbstbiographie und auch schon früher an einer anderen Stelle, Otto Mencke, der als Professor der Moral seine Dissertation: „philosophia practica universalis" etc. censieren musste und über die Anwendung der mathematischen Lehrart in derselben sehr erfreut gewesen sei, habe die Schrift Leibniz ohne Wissen des Verfassers übersandt und ihm später einen Brief, den dieser über dieselbe an Wolff geschrieben habe, überreicht.

Gerhardt glaubt auf Grund des Briefwechsels diese Darstellung als falsch entlarven zu können, denn der erste Brief desselben ist von Wolff und begleitet die Uebersendung seiner dem grossen Zeitgenossen auf Menckes Rat gewidmeten späteren (dritten) Dissertation: „de algorithmo infinitesimali". Einen Irrtum Wolffs infolge unklarer Erinnerungen, wie er bei der ja erst in viel späterer Zeit geschriebenen sogenannten Selbstbiographie immerhin möglich wäre, ist hier ausgeschlossen, denn die gleiche Darstellung steht schon in der „ausführlichen Nachricht von seinen Schriften" aus dem Jahre 1726. Wer also nicht an die Legende von der masslosen Eitelkeit Wolffs glaubt, welche ihn einfache Thatsachen vollkommen falsch darstellen lässt, der wird wohl eine Vereinigung beider Darstellungen versuchen müssen, die um so naheliegender ist, als Wolff in seinem Briefe lediglich von einer Dissertation, die er überschickt — „levi hoc specimine" —, redet. Leibniz aber in seiner Antwort beide Abhandlungen eingehend bespricht. Da nun Mencke, wie aus seiner Korrespondenz mit Leibniz hervorgeht, im Spätsommer oder Herbst 1704 eine Anzahl Bücher, welche dieser aus seinem Katalog für die Bibliothek ausgesucht hatte, nach Hannover schickte, konnte er ja leicht die Dissertation Wolffs beigelegt haben, besonders da er kurze Zeit darauf in dem bei Gerhardt abgedruckten Briefe von Wolff berichtet und die von ihm angeratene Widmung in Aussicht stellt. Dass die Antwort aber Wolff durch Menckes Vermittelung zugestellt ward, ist ebenfalls zweifellos, denn fast alle Briefe an ihn gingen, solange er noch in Leipzig war, durch Menckes Hände. Wenn schliesslich aber Gerhardt Wolff einen Vorwurf daraus macht, dass er in seiner Selbstbiographie gar nichts davon sagt, dass er die mathematische Dissertation Leibniz gewidmet habe,[1]) so beruht das auf einer Verkennung des ganzen Charakters jener Schrift. Diese sogenannte Selbstbiographie ist eine Zusammenstellung von Anmerkungen, welche Wolff zu der kleinen Biographie, welche der Rektor Baumeister im Jahre 1739 geschrieben hat, aufsetzte und diesem für eine neue

---

[1]) S. 8 Anm.: „Wolff erwähnt mit keinem Worte, dass er seine Dissertation: de algorithmo infinitesimali differentiali, Leibniz gewidmet . . ."

Auflage seiner Schrift zur Verfügung stellte. Da aber Baumeister schon von der Leibniz gewidmeten Schrift gesprochen hatte, so brauchte Wolff das nicht mehr anzumerken. Verschweigen hat er es nicht wollen; vielmehr hat er es in seiner „Ratio praelectionum" schon viel früher selbst bekannt gemacht.[1]) Aus dem vorhin über die Lebensbeschreibung gesagten geht auch wohl hervor, dass man nicht berechtigt ist, sie, wie es Biedermann gethan hat, den Aufzeichnungen Leibnizens oder Thomasius' über ihren Bildungsgang vergleichend an die Seite zu stellen.[2]) Ich habe mich bei diesem ja an sich wenig wichtigen Umstand länger aufgehalten, weil er bezeichnend ist für die Einseitigkeit, mit der meist Wolff gegenüber verfahren wird.

Leibniz wies den jüngeren Freund, ebenso wie Mencke, zunächst auf ein eingehendes mathematisches Studium hin. Er gab sich damals Mühe, seiner Entdeckung, der Differentialrechnung, welche in Frankreich und England schon recht verbreitet war, auch in Deutschland mehr Eingang zu verschaffen; zu diesem Zwecke sammelte er eine Anzahl begabter junger Leute um sich, für deren Laufbahn er seinen weitreichenden Einfluss gern aufbot, und mit denen er einen regen Briefwechsel unterhielt über die neue Erfindung, deren Verbesserung und Anwendung in der Mathematik. In erster Reihe steht unter diesen Schülern Johann Bernoulli, zu ihnen gehört Jakob Hermann; ihnen sollte sich nach Menckes Plan und Leibnizens Wunsch auch Wolff anschliessen, und er hat dies auch eine Zeit lang gethan. „Caeterum suadeo," schrieb ihm Leibniz, nachdem er eine Zeit lang über theologische und moralphilosophische Probleme mit ihm korrespondiert hatte, „ut dum in vigore es aetatis, magis Physicis et Mathematicis quam philosophicis immoreris, praesertim cum ipsa Mathematica potissi-

---
[1]) II, § 9.
[2]) Deutschland im 18. Jahrhundert. II, 2. Aufl. Leipzig 1880. S. 394—426.

mum juvent philosophantem, neque ego in Systema Harmonicum incidissem nisi leges motuum prius constituissem quae systema causarum occasionalium evertunt. Quae tamen." fügt er begütigend hinzu, „non ideo dico ut te deterream a philosophando, sed ut ad severiorem philosophiam excitem."[1]) Und mehr als einmal weist er ihn auf das Beispiel Bernoullis und Hermanns hin. Wolff hatte also ganz recht, wenn er erzählt, dass Leibniz ihn für die höhere Geometrie gewinnen wollte, und dass er hier von seinen eigenen Jugendplänen abgelenkt wurde.[2]) Nur um der Methode willen hatte er das Studium der Mathematik begonnen, und er war jetzt viel tiefer in dasselbe hineingezogen worden, als er selbst geplant und gewünscht hatte. Die Anwendung der einfachen euklidischen Methode auf die Philosophie war die Aufgabe gewesen, die er sich einst gestellt hatte, und nun sollte er teilnehmen an dem Ausbau der höheren Analysis, zu der er gar keinen Beruf in sich fühlte, und, sagen wir es ruhig, gar nicht besonders befähigt war. Leibniz hat dies letztere mit der Zeit selbst erkannt und Bernoulli gegenüber ausgesprochen, war aber unbefangen genug, seinen Wert im übrigen trotzdem nicht zu verkennen.[3]) Da es für Wolff indessen in erster Linie darauf ankam, einen Lehrstuhl zu erhalten und so seine unsichere und drückende äussere Lage zu verbessern, da er andererseits dieses auch nach Leibnizens Dafürhalten durch die Mathematik am leichtesten erreichen konnte, so gab er sich alle Mühe, den von seinem Gönner ihm vorgezeichneten Pfad einzuschlagen, ohne deshalb seine eigenen Pläne

---

[1]) Leibnizens Brief vom 8. Dezember 1705. Gerhardt, S. 51.

[2]) Wuttke, S. 142: „Der Herr von Leibnitz wollte haben, dass ich nach dem Exempel des H. Bernoulli mich allein auf die höhere Geometrie legen und seinen calculum differentialem excoliren sollte ..."

[3]) „In Germania," schreibt er am 6. Juni 1710 an Bernoulli (Gerh., L's math. Schrift. I, 3. b. S. 851), „nostra nemo fere profundiorem Geometriam satis intelligit. Wolfius, etsi in ea mediocris, caeteris praestat."

und Wünsche ganz aufzugeben. Seine Vorlesungen, seine Arbeiten und auch der Inhalt seiner Briefe sind Belege dafür. Da er in Leipzig bei Besetzung einer freigewordenen Stelle zu Gunsten eines bei Hofe besser angeschriebenen Mitbewerbers übergangen wurde, da andererseits der Schwedeneinfall in Sachsen auch für die Universität Verwirrung und Unsicherheit mit sich brachte, so wandte er seine Blicke nach einer anderen Hochschule. Bei diesem Suchen hat ihn Leibniz getreulich unterstützt. Vier Stellen kamen damals zunächst in Betracht. In Helmstadt war eine Professur der Physik frei, indessen hatte man für dieselbe bereits einen anderen Bewerber in Aussicht genommen. In Göttingen, wo man gerade damals mit der Absicht umging, das Gymnasium in eine Hochschule zu verwandeln, wurde ein Mathematiker gesucht, indessen machte die Gehaltfrage dort noch grosse Schwierigkeiten. In Zweibrücken, wo der König von Schweden eine Akademie zu gründen beabsichtigte, war die Professur der Mathematik, wie der schwedische Kanzler Greiffencranz Leibniz mitteilte, zwar schon versagt, indessen suchte man einen Vertreter der Philosophie, wofür der letztere auch Wolff vorgeschlagen hatte.[1]) Am sichersten aber und darum auch am verlockendsten schienen die Aussichten in Giessen zu sein, wo der Lehrstuhl der Mathematik frei geworden war. Während ihn Leibniz einem der Räte des Landgrafen von Hessen-Darmstadt empfahl, machte sich Wolff auf, um sich persönlich bei den dortigen Professoren vorzustellen. Er wurde freundlich aufgenommen und würde wohl, trotzdem er die dortigen Verhältnisse bei eigenem Zusehen nicht so

---

[1]) Die Auseinandersetzung über diese und auch die späteren Berufungen, ebenso wie fast alle biographischen Nachrichten des Briefwechsels hat Gerhardt in seiner Ausgabe als unwesentlich nicht abgedruckt und gründet sich deshalb die Darstellung hier auf die Handschriften.

günstig fand, wie er erwartet oder gehofft hatte, den Ruf dahin angenommen haben, wenn sich nicht inzwischen ein neues, viel lockenderes Anerbieten gezeigt hätte. Schon von Leipzig aus hatte Wolff Leibniz gegenüber seine Verwunderung ausgesprochen, dass an einer Universität, wie Halle, die Mathematik gar nicht vertreten sei. Während er dann später, nach seiner Rückkehr von Giessen, dort den Ruf abwartete, machte er die Bekanntschaft zweier Professoren, welche auf seine Bemerkung hierüber und daran geknüpften Pläne eifrigst eingingen. Professor Hofmann, damals Prorektor der Universität, schrieb selbst an Leibniz und bat um dessen Mithülfe, die wiederum gern gewährt wurde. Mit Empfehlungsbriefen von der Universität und von Leibniz an den Minister von Dankelmann reiste Wolff im Oktober 1706 nach Berlin, wo seine Angelegenheiten bald nach Wunsch erledigt wurden. Bei dieser Gelegenheit hat er seinen Gönner, wie schon vorhin erwähnt, auch zum erstenmal gesehen und gesprochen. Nach einem kurzen Besuch in seiner Vaterstadt — dem ersten und letzten nach seinem Weggang zur Universität — begab er sich dann nach Halle zurück, wo er mit dem neuen Jahre 1707 seine mathematischen Vorlesungen begann. Auch noch später hat Leibniz dem jungen Professor, wenn er, sei es durch lockende Aussichten oder durch unerquickliche Zustände in Halle, an eine Aenderung seines Aufenthaltes dachte, seinen Einfluss willig zur Verfügung gestellt, bis die Auszeichnung und Verbesserung im Jahre 1715 allen diesen Plänen zunächst ein Ende gemacht hat.

Sehr froh über diese Wendung der Sache war auch Otto Mencke, der, wie schon gesagt, Wolffs Mitarbeiterschaft bei seiner Zeitschrift nur sehr ungern verloren hätte. Bei der geringen Entfernung und guten Verbindung zwischen Halle und Leipzig konnte der letztere die mathematischen Recensionen auch fernerhin beibehalten. Gerhardt hält es für einen neuen Beweis der „grossen Unselbständigkeit

Wolffs in wissenschaftlichen Dingen", [1]) dass er seine Anzeigen über die neuesten Erscheinungen der mathematischen Litteratur stets, bevor er sie nach Leipzig schickte, Leibniz zur Einsicht vorlegte, welcher nicht selten weitere Bemerkungen hinzufügte. Er übersieht dabei vollständig, dass dies auf ausdrücklichen Wunsch Leibnizens erst geschehen ist,[2]) der sowohl Wolff als Mencke gegenüber[3]) darum gebeten hatte. So sind denn eine ganze Reihe der von Ludovici unter Wolffs Namen aufgeführten Recensionen eine gemeinsame Arbeit beider Denker, wie dies ja von Gerhardt selbst für einige nachgewiesen worden ist. An diese anknüpfend kommen denn jetzt auch viel mehr noch als früher mathematische Fragen und Auseinandersetzungen im Briefwechsel vor, und hierbei haben Leibnizens Briefe allerdings bisweilen einen belehrenden Charakter, den Wolff, der in dieser Wissenschaft Leibnizens Ueberlegenheit vollkommen anerkennt, durch seine Bitten um Aufklärung herausfordert und stets dankbar anerkennt. Indessen hatte auch er durch seine Nachrichten über neue Erscheinungen auf allen möglichen Gebieten, wie sie Leibniz ja bei seiner wissenschaftlichen Vielseitigkeit besonders notwendig hatte und bei seiner ausgedehnten Korrespondenz ja auch von allen Seiten reichlich erhielt, häufig Gelegenheit, sich seinem Gönner nützlich zu zeigen. Ganz besonderen Wert aber gewann die Mithülfe Wolffs für Leibniz, als im Jahre 1713 der Streit mit den Anhängern Newtons ausbrach, während er selbst sich in Wien aufhielt, von wo bei dem schon an und für sich nicht leichten, damals durch eine dort herrschende

---

[1]) A. a. O., S. 11.
[2]) Vergl. den Brief Leibnizens an Wolff vom 10. April 1708. Gerhardt, S. 90f.
[3]) „Cl. Wolfius," schreibt Leibniz an Mencke, „praeclare in studiis mathematicis versatus est, sed cum mihi nota sint, quae multis annis in Mathesis illa reconditione sunt gesta, suasi ei, ut mecum communicaret recensiones talium suas." Konzept auf dem Briefe Menckes vom 10. Januar 1708. Bl. 4 d. Briefwechsels.

Seuche noch wesentlich erschwerten Verkehre eine schnelle Berichtigung der in den massgebenden Zeitschriften auftauchenden masslosen Entstellungen beinahe unmöglich war. Die erste Nachricht von dem Werke: Commercium epistolicum etc. hat Leibniz allerdings nicht, wie Gerhardt angiebt,[1]) von Wolff, sondern von Johann Bernoulli erhalten,[2]) doch hat der erstere anfangs durch kurze, später durch genauere Auszüge, ihn mit dem Inhalt des Werkes bekannt gemacht, bis er im April 1714 Gelegenheit fand, das ganze Werk nach Wien zu schicken. Der kurze Bericht, welcher noch im Jahre 1713 als fliegendes Blatt gedruckt und an die Mathematiker Deutschlands und Frankreichs verteilt worden ist, und den Gerhardt in den mathematischen Schriften Leibnizens abgedruckt hat,[3]) ist nach dessen eigenem Zeugnis nicht von ihm publiziert, sondern von Wolff. „Il est aisé à croire," schreibt Leibniz am 9. April 1716 an Conti, „que j'ai été quelque temps à Vienne, avant que d'avoir vû le Commercium Epistolicum déja publié, quoique j'en eusse des nouvelles. Ainsi un ami sachant cela, aussi zelé pour moi que les seconds de M. Newton le peuvent être pour lui, a publié un Ecrit, que M. Newton appelle diffamatoire. Mais cette Piece n'étant pas plus forte que ce qu'on a publié contre moi, M. Newton n'a pas droit de s'en plaindre. Si l'on n'a pas marqué l'Auteur ni le lieu de l'impression de cet Ecrit; on connoit assez le nom et le lieu de l'Auteur de la Lettre y inserée d'un excellent Mathematicien que j'avois prié de dire son sentiment sur le Commercium; et cela suffit."[4]) Wenn dagegen Wolff selbst von diesem Bericht als von einem von Leibniz erhaltenen in

---

[1]) A. a. O., S. 12.
[2]) Vergl. die Briefe Johann Bernoullis vom 13. August und 29. September 1712. Mathem. Schr., herausgegeben von Gerhardt I, 3 b. S. 892 u. 897. Wolff erwähnt die Angelegenheit erst im folgenden Jahre.
[3]) II. Abtl., Bd. I, S. 411.
[4]) Rec. de div. pieces etc. II, S. 50 f.

einem Briefe spricht, so kann sich das ja immerhin auf die Briefstelle aus dem Schreiben Johann Bernoullis, welche ihm Leibniz überschickt haben muss, beziehen. Auch wird Leibniz dieser Uebersendung einige Notizen über die Art, wie die Entgegnung abgefasst werden solle, beigefügt haben. Erst später, als er in den Besitz der Auszüge Wolffs gekommen war, verfasste er selbst eine Gegenschrift, welche indes zunächst gegen die entstellten Berichte der französischen und holländischen Zeitschriften, die aus diesen auch in die deutschen übgergegangen waren, gerichtet ist..[1]) Wolff hat die Uebersendung dieser Schrift nach Holland besorgt und eine Uebersetzung für die deutschen Zeitschriften selbst angefertigt und diesen einverleibt.[2]) Gerade gegenüber der Aengstlichkeit, mit der Johann Bernoulli jede öffentliche Stellungnahme in dieser Angelegenheit vermied,[3]) ist dies offene Hervortreten Wolffs hier doppelt anzuerkennen.

Der mathematische Streit Leibnizens mit den Anhängern Newtons ging allmählich über in einen philosophischen. Auch in diesem steht Wolff getreulich auf Leibnizens Seite und weiss sich ihm nützlich zu machen. So ist eine Hauptwaffe, deren sich der deutsche Philosoph den Engländern gegenüber bediente, jene auf einer kühnen Metapher beruhende Auffassung des Raumes als „sensorium dei", auf die er immer wieder hinweist.[4]) Diese Waffe aber verdankt er dem jüngeren Freunde, welcher ihn in seinem Briefe

---

[1]) Mathematische Schriften, herausgegeben von Gerhardt, Abtl. II. Bd. 1, S. 414. Konzepte dazu sind die auf den Rückseiten der Briefe Wolffs vom 11. Dezember 1713 und 20. April 1714 befindlichen Erörterungen, die Bodemann a. a. O. S. 394 erwähnt.

[2]) Vergl. Wolffs Brief vom 6. Februar 1714 (im Original steht irrtümlich 1713). Gerhardt, S. 156.

[3]) Vergl. den Brief Bernoullis vom 23. Mai 1714. Mathem. Schriften I 3b, S. 931.

[4]) Vergl. vor allem Leibnizens zweites Schreiben. Phil. Schriften VII, S. 356.

vom 14. August 1710 auf die betreffende Stelle in Newtons lateinischer Optik aufmerksam gemacht hatte.[1])

Inzwischen waren sich die beiden Männer auch persönlich näher getreten. Leibniz hatte Wolff auf seiner Hinreise nach Wien im Anfang des Jahres 1713 in Halle besucht, und es ist wohl nicht nur als eine Aeusserlichkeit aufzufassen, wenn in den Briefen des letzteren von nun an die ehrerbietige Anredeform einer vertraulicheren Platz macht. Der Philosoph scheint mehrere Tage dort geblieben und auch mit den übrigen Gelehrten der dortigen Hochschule in Verkehr getreten zu sein, wenigstens finden wir in seinen Briefen von da an häufig Erkundigungen nach Thomasius, Gundling u. a.[2])

Noch einmal hat Leibniz später Wolff in Halle besucht, kurz vor seinem Tode im Sommer 1716. Der letztere hatte damals, nachdem er seine lateinischen Elementa Matheseos abgeschlossen und auf Menckes besonderen Wunsch auch noch ein mathematisches Lexikon herausgegeben hatte, mit den mathematischen Arbeiten vorläufig abgeschlossen und naturwissenschaftliche Untersuchungen, besonders botanische zunächst, waren in den Vordergrund seines Interesses und seiner Beschäftigungen getreten, um so mehr, als ihm im vorhergehenden Jahre auch die Professur der Physik, die seit Stahls Uebersiedelung nach Berlin erledigt war, übertragen worden war. Für diese Studien interessierte sich Leibniz ebenfalls, und jene Versuche, durch besonders rationelle Behandlung eine aussergewöhnlich schnelle Vermehrung des Getreides herbeizuführen, die Wolff in den nächsten Jahren in zwei besonderen Abhandlungen ausführlich beschrieben hat, nehmen schon in der Korrespondenz dieses letzten Jahres einen breiten Raum ein, nicht ohne dass auch die Theorie der Zeugung im allgemeinen zur Sprache kommt. Einer Aufforderung Leibnizens zu medi-

---

[1]) Gerhardt, a. a. O., S. 124; vergl. die spätere Briefstelle S. 126.
[2]) Vergl. Gerhardt, S. 159, 164 u. a.

zinischen Studien aber antwortet er ablehnend, weil ihm bei dem Fehlen der richtigen Grundlagen zur wissenschaftlichen Behandlung dieser Disziplin, nämlich ausführlicher Krankheitsgeschichten, ein weiterer Ausbau derselben noch nicht durchführbar erschien. Dagegen treten mehr und mehr seine ältesten Pläne einer Verbesserung der Philosophie in den Vordergrund, und in seinem letzten uns erhaltenen Briefe an Leibniz teilt er diesem seine Absicht. sich nun an die deutsche Metaphysik zu machen, mit.[1])

In jener Zeit stand Wolff auch, was sein äusseres Schicksal betrifft, vor einer wichtigen Entschliessung. Es handelte sich um nichts geringeres, als um den Plan, nach Russland zu gehen und dem Zar Peter bei der philosophischen und wissenschaftlichen Ausbildung seines Volkes, welche dieser Herrscher ganz systematisch durchführen zu können meinte, behülflich zu sein. Schon früher hatte Wolff, als ihm boshafte Intriguen seiner Feinde und Neider den Aufenthalt in Halle verleideten, einmal daran gedacht, nach Petersburg überzusiedeln; dann hatte die Verbesserung seiner Stelle in Halle ihn mit den dortigen Verhältnissen wieder ausgesöhnt. Jetzt trat in weit verlockenderer Form diese Frage noch einmal an ihn heran. Zwei Abgesandte des Zaren, welche nach Merseburg gehen wollten. um im Auftrage ihres Herrschers mit dem damals vielgenannten Orffyräus über den Ankauf seiner Erfindung zu unterhandeln, baten ihn um seine Unterstützung bei dieser Aufgabe. Der eine von ihnen, ein Deutscher, redete ihm sehr zu, in den Dienst des russischen Kaisers zu treten, und Wolff war dazu, wie sein Brief an Leibniz zeigt, schon sehr geneigt. Dort glaubte er seine ihm vorschwebende Lebensaufgabe, die Begründung und Verbreitung einer soliden philosophischen

---

[1]) Brief Wolffs vom 18. Oktober. (Gött.): „... Ego in eo sum, ut finitis laboribus quos in alteram elementorum Germaniorum editionem impendo, in elementis philosophicis Germanicis edendis pergam. et nunc quidem, quantum per alia licet, de metaphysicis dogmatibus Deum et mentem humanam concernentibus cogito."

Bildung besser verwirklichen zu können, als in Deutschland, wo er an ihrer Durchführung damals noch verzweifelte; ein aus Unkenntnis der damals dort herrschenden Zustände erklärlicher Optimismus, der sich wohl schwer gerächt haben würde, wenn er seine Absicht wirklich ausgeführt hätte. Leibniz gab seinen Bedenken, wenn auch vorsichtig, Ausdruck und fordert ihn auf, jedenfalls Gründe und Gegengründe wohlweislich zu überlegen. In solchen Fällen, meint er, „ubi alea jacenda est", könne sich jeder selbst am besten raten.[1]) Wolff ist dem Rufe Peters des Grossen damals nicht gefolgt; er selbst giebt Leibnizens Abraten als Grund dafür an;[2]) indessen wird der Hauptgrund damals, wie auch später im Jahre 1723,[3]) in der Rücksicht auf seine Familie zu suchen sein. Am 30. September 1716 hat er sich verheiratet. Der Brief, in welchem er Leibniz davon Mitteilung macht, erwähnt die russischen Pläne gar nicht mehr, sondern erzählt schon von einem anderen, den der Zar einem Gerücht zufolge als Professor der Mathematik berufen habe.[4]) Der Brief, von dem hier die Rede ist, war der letzte des Briefwechsels. Am 14. November des gleichen Jahres ist Leibniz gestorben.

Gerhardt hat in seiner Einleitung das Verhalten der deutschen Gelehrten nach dem Tode des grossen Mannes in den schwärzesten Farben geschildert und in den schärfsten Ausdrücken getadelt. Insbesondere hat er Johann Bernoulli und Wolff genannt, welche sich alle Mühe gegeben hätten, ihn „geflissentlich der Vergessenheit anheimfallen" zu lassen, um sich mit seinen Federn desto ungestrafter zu schmücken.[5]) Wenn das immerhin etwas

---

[1]) Vergl. die Bemerkung auf Wolffs Brief vom 22. Juli.
[2]) Wuttke, S. 149f.
[3]) Vergl. Briefe von Christian Wolff aus den Jahren 1719—1753. Ein Beitrag zur Geschichte der Kaiserlichen Akademie der Wissenschaften zu St. Petersburg. St. Petersburg 1860.
[4]) Vom 18. Oktober 1716 (Göttingen).
[5]) A. a. O., S. 4.

merkwürdige Benehmen des Erstgenannten aber vielleicht auch einen solchen Tadel verdienen mag, gegen Wolff ist derselbe ganz sicher ungerecht. Denn er hat, als einziger unter den deutschen Gelehrten, Leibniz einen ausführlichen Nachruf in den „Acta eruditorum" gewidmet,[1]) welcher die Verdienste des Toten schon früher und mindestens ebenso würdig feierte, als die vielgenannte Eloge des Franzosen Fontenelle. Er hat in dem gleichen Jahrgang derselben Zeitschrift, gestützt auf Mitteilungen Eckhardts, der gelehrten Welt einen kurzen Bericht über die grosse historische Arbeit, der die letzten Beschäftigungen des vielseitigen Mannes gegolten hatten, zukommen lassen.[2]) Sein Schüler Thümmig hat, jedenfalls von ihm angeregt, die letzte der Streitschriften Clarkes erwidert, und Wolff selbst hat diese letzten philosophischen Bekenntnisse des grossen Vorgängers bei dem deutschen Publikum eingeführt mit einer Vorrede, die sicher nicht den Eindruck erweckt, als ob er dessen Verdienste totschweigen wollte. Abgesehen davon aber hat er in seinen sämtlichen Schriften so häufig den Namen des Philosophen genannt, die Uebereinstimmung mit dessen Gedanken erwähnt, den Einfluss derselben auf die seinen betont, dass mit der Zeit die Meinung aufkam, er habe es sich zum Lebenszweck gemacht, die zerstreuten Gedanken Leibnizens in einem System zu vereinigen, und dass man ihm sogar einen Vorwurf daraus machte, wenn er sich dieser ganz unverdienten Anschauung gegenüber auf sein gutes Recht berief.

Schon der im Bisherigen übersichtlich dargestellte biographische Inhalt des Briefwechsels wird gezeigt haben, dass die Auffassung, als ob es sich um eine Korrespondenz handle, welche den Zweck hat, Wolff in Leibnizens philosophische Anschauungen einzuführen, eine einseitige und vor-

---

[1]) 1717, S. 322. Elogium Godofredi Guilelmi Leibnitii.
[2]) S. 360. Notitia de Historia Brunsvicensi, quam edere paraverat G. G. Leibnitius.

eingenommene ist. Das wird noch augenfälliger, wenn man die Behandlung philosophischer Fragen in demselben näher betrachtet.

Wie immer hat auch hier Leibniz seine Gedanken nur bei Gelegenheit und auch da nur recht fragmentarisch entwickelt. Eine solche boten ihm in der ersten Zeit die Dissertationen, welche der junge Leipziger Dozent ihm regelmässig übersandte, später die Anfragen, die der Hallenser Professor an ihn richtete, so oft er in seinen philosophischen oder mathematischen Vorlesungen oder Beschäftigungen auf eine Frage stiess, die ihm noch nicht genügend überlegt schien. Diese Anfragen hatten, wie hier gleich betont werden soll, niemals den Zweck, eine einseitige Belehrung sich zu erbitten, sondern lediglich den, eine gemeinsame Erörterung über den zweifelhaften Punkt einzuleiten.

Gerhardt legt zur Bekräftigung seiner Ansicht besonderen Wert auf die Briefe der drei ersten Jahre, und er hat darum die Korrespondenz während dieser Zeit ziemlich vollständig mitgeteilt. Von den zwölf Briefen Leibnizens aus dieser Periode sind zwei fast rein biographischen,[1]) fünf fast rein mathematischen Inhalts[2]) und es bleiben nur noch fünf übrig,[3]) in denen philosophische Fragen zur Sprache kommen. Der erste von diesen, die Antwort des Philosophen auf Wolffs ersten Brief, welche, wie schon früher erwähnt wurde, ausser dem Dank für die ihm gewidmete mathematische Dissertation auch eine ausführliche Besprechung der Erstlingsschrift Wolffs enthält, besteht ganz aus Anmerkungen zu einzelnen Stellen derselben, die nach Leibnizens eigener Angabe die darin enthaltenen Gedanken mehr fortspinnen, als verbessern sollen.

Dass eine kleine Bemerkung aus diesem Schreiben, wie schon früher berührt wurde, für Wolffs Stellung zu der

---

[1]) Nr. 13 und 16 des Verzeichnisses.
[2]) Nr. 21, 23, 25, 28, 30 des Verzeichnisses.
[3]) Nr. 2, 6, 8, 10, 15 des Verzeichnisses.

Schullogik bedeutungsvoll geworden ist, berechtigt uns nicht etwa, nun auch in den anderen die Grundlage seiner Moralphilosophie sehen zu wollen. Wichtiger schon sind die Briefe, die sich an die Uebersendung der späteren Dissertation de loquela anschliessen. In den ersten Paragraphen dieser Schrift entwickelt der Verfasser eine Reihe metaphysischer Gedanken, die nach seiner eigenen Angabe geschöpft sind aus dem Studium Descartes', der Cartesianer de la Forge und Malebranche und des Mystikers Poiret, der aber in seiner hier in Betracht kommenden Schrift noch ganz unter cartesianischem Einfluss steht. Es ist ein noch nicht geklärtes Zusammenwerfen der Psychologie Descartes' mit der Theologie des Occasionalismus, das Leibniz zum Widerspruch herausfordert. Gegenüber der ersteren deutet er seine Anschauung von der allgemeinen Beseelung und dem Unbewussten in unserem Vorstellungsleben an,[1] welche er damals noch nicht veröffentlicht, wohl aber ausführlich behandelt hatte; gegen den Occasionalismus führt er seine durch die Kontroverse mit Bayle damals schon sehr verbreitete Hypothese von der prästabilierten Harmonie ins Feld.[2] Die erstere ist ohne weiteren Eindruck auf Wolff geblieben, und obgleich Leibniz noch einmal darauf zu sprechen kommt, finden wir weder in seinen Briefen, noch in seinen Werken eine Spur davon, dass er sich diese Eröffnungen zunutze gemacht hätte. Auf den anderen Gedanken geht er sofort ein und verlangt, Näheres darüber zu hören.[3] Leibniz verweist ihn auf den Bayleschen Dictionnaire und giebt ihm auch in seinem Briefe vom 9. November 1705 einen genaueren Ueberblick über die genannte Hypothese,[4] welche er übrigens gerade damals den Angriffen Jacquelots gegenüber wiederum öffentlich entwickelt und

---

[1] Gerhardt, S. 32.
[2] Ebenda, S. 32f. und 43.
[3] Ebenda, S. 39 und S. 46.
[4] Ebenda, S. 43.

verteidigt hat.¹) Wolff schliesst sich ihm hierin sofort an, ohne jedoch jemals etwas anderes als eine Hypothese in ihr zu sehen, wie dies später noch ausgeführt werden soll. Kurze Bemerkungen über die philosophische Grammatik und über den Gottesbeweis Descartes' können hier übergangen werden, da aus ihnen niemand einen weitergehenden Einfluss wird herauslesen wollen oder können. Ende 1706 bricht Leibniz mit der früher schon einmal erwähnten Bemerkung den Gedankenaustausch über philosophische Fragen ab und wendet ihn vorwiegend mathematischen zu.

Auseinandersetzungen über die Begriffe des Körpers und der Materie, sowie über die Entstehung und Uebertragung der Bewegung, wie sie im Anschluss an die Rezensionen physikalischer Werke und an Wolffs Aerometrie später im Briefwechsel auftauchen, auch offenbar in der Berliner Unterredung zur Sprache kamen, gaben Leibniz Gelegenheit, auf seine Monadenlehre hinzuweisen und deren Begründung in der und Bedeutung für die Dynamik kurz anzudeuten. Aber hierfür zeigt Wolff merkwürdig wenig Verständnis und Interesse. Es zieht sich eine Kette von Missverständnissen über den Kernpunkt der Sache durch den Briefwechsel hindurch, bis hier Wolff die weitere Behandlung dieser Frage mit der Bemerkung abbricht, er müsse, bevor er weiter auf solche Probleme eingehen und die ihm noch bleibenden Bedenken anführen könne, dieselben mit seinen philosophischen Anschauungen im allgemeinen in Einklang zu bringen suchen.²) Und dieses Ausweichen im Briefe ist charakteristisch auch für seine ganze spätere Stellung zur Monadenlehre, die an anderer Stelle berührt werden soll.

Im Anschluss an seine Vorlesungen über Moral im

---

¹) Acta erud. 1705: Observatio ad recensionem libri de fidei et rationis consensu a Domino Jaqueloto editi mense Octobri proxime praecedenti factam. S. 440 ff.

²) Wolffs Brief vom 15. Juli 1711. Gerhardt, S. 142.

Winter 1714/15 hat Wolff in dieser letzten Zeit auch wieder einen Gedankenaustausch über ihr zugehörige Fragen zu veranlassen gesucht. Vor allen Dingen will er auf diese Weise den Begriff der Vollkommenheit feststellen, und das Ergebnis der Auseinandersetzung bildet denn auch die in Leibnizens Brief vom 18. Mai 1715 aufgestellte Definition welche Wolff auch später beibehalten hat.

Abgesehen von unzusammenhängenden Einzelgedanken und jenen erfolglos gebliebenen Darstellungsversuchen seiner Spekulationen bleibt also nur Leibnizens Hypothese von der prästabilierten Harmonie übrig, welche er Wolff allerdings brieflich angeraten und erläutert hatte. Die Benutzung dieses Gedankens im Wolffschen System aber wird zeigen, dass ein Einfluss auf dasselbe damit nicht ausgeübt worden ist.

Andererseits aber wird sich schon aus dem hier Angedeuteten leicht herauslesen lassen, dass die Briefe Leibnizens an Wolff für die Kenntnis der Gedanken des ersteren nicht unwichtig sind und, wenigstens zum Teil, einen Platz in den philosophischen Schriften des Denkers verdient hätten. Ueberhaupt wird sich bei seinem Briefwechsel die Trennung in einen politischen, philosophischen und mathematischen ohne erhebliche Lücken oder zahlreiche Wiederholungen nicht durchführen lassen. Eine genügende Ausgabe desselben ist also noch immer eine Aufgabe der Zukunft.

Der wissenschaftliche Einfluss Leibnizens auf Wolff.

„Ex quo quidem tempore Wolfius, manu quasi ductus a Leibnitio, perquisitius fundamenta, quibus harmonia praestabilita nititur, considerabat suo quamque positionem Leibnitianam momento ponderabat, et tandem facta in Leibnitii sententiam discessione, perpetuam sibi suscipiebat propugnationem pro philosophia Leibnitiana."[1]) So hatte im Jahre 1739 der Rektor Baumeister, anknüpfend an den Gedankenaustausch Beider über die prästabilierte Harmonie die wissenschaftliche Stellung Wolffs zu Leibniz geschildert. Dieser aber, damit keineswegs einverstanden, machte dazu folgende Bemerkung: „Dazumahl war noch an keine philosophiam Leibnitianam gedacht, denn es war mir nichts weiter, als des Herrn von Leibnitzes Schediasma de notione Substantiae und de veritatis cognitione et notionibus bekannt, wie ich in der Vorrede über die Logik angeführt und was in den Leipziger Akten und bey dem Bayle in dem Dictionario von der Harmonia praestabilita zu finden war. Als aber, wie ich die deutsche Metaphysik schrieb, Leibnizens Theodicée heraus war, ingleichen seine Streitschriften mit dem Clarke, so habe nachdem in der Ontologie und Cosmologie und in der Psychologia rationali einige Begriffe

---
[1]) Vita, fata et scripta Christiani Wolfii, Philosophi. S. 53.

von ihm angenommen und mit meinem Systemate vereiniget Und dieses hat nach dem Anlass gegeben, dass, da H. Bülffinger meine Metaphysik philosophiam Leibnitio-Wolfianam genannt, man überhaupt meine Philosophie Leibnitio-Wolfianam geheissen."

Kurz und treffend ist damit der Kernpunkt des Missverständnisses bezeichnet, das für Wolffs ganze Stellung in der Geschichte der Philosophie so verhängnissvoll geworden ist. Von einer Leibnizischen Philosophie oder gar einem Leibnizischen System konnte man in den zwei ersten Jahrzehnten des vorigen Jahrhunderts noch nicht sprechen und man hat es auch nicht gethan. Seine wenigen, meist kurzen und in den verschiedensten Zeitschriften zerstreuten metaphysischen Aufsätze waren damals selbst in gelehrten Kreisen Deutschlands wenig gekannt und beachtet. Eine Ausnahme machen hier nur diejenigen Schriften, welche der Aufstellung, Begründung und Verteidigung seiner neuen Hypothese zur Erklärung der Vereinigung von Seele und Körper, der prästabilierten Harmonie gewidmet waren. Metaphysische Fragen erregten in der damaligen Zeit — wenn man vielleicht von England absieht — nur dann allgemeines Interesse, wenn sie auch in das Gebiet der Theologie hinübergriffen. Die rein theologische Lösung, welche die cartesianische Schule im Occasionalismus jener alten Streitfrage gegeben hatte, war so recht geeignet, dieselbe in den Vordergrund des allgemeineren Interesses zu stellen. Leibniz trat nun jenen sowohl, als den Aristotelikern mit einer ganz neuen Auffassung gegenüber. Seine Hypothese von der prästabilierten Harmonie verdankt ihren Namen dem Benediktinerpater Lamy, ihre schnelle Verbreitung der Kontroverse mit Bayle und der Aufnahme derselben in den vielgelesenen Dictionnaire. Sie hat recht eigentlich seinen Ruf als Philosoph begründet. Und als dann in den ersten Jahrzehnten des achtzehnten Jahrhunderts, vorwiegend auf

---

[1]) Wuttke, S. 142.

Anregungen fürstlicher Gönner und Gönnerinnen, seine grösseren Werke einen genaueren Einblick in seine Gedanken gestatteten, ist die Hypothese in der Meinung des weitaus grössten Teiles seiner Anhänger sowohl, wie seiner Gegner, der Hauptgedanke seiner Spekulation geblieben. Und auch Wolff hat erst in seiner Vorrede zu der Uebersetzung der Streitschriften mit Clarke, dann in seiner deutschen Metaphysik mehr dazu beigetragen, als ihm später lieb sein konnte.

Denn — und hier setzt ein neues Missverständnis ein — in jenem zweiten Streite um die prästabilierte Harmonie, der nach Leibnizens Tode vorwiegend in Deutschland geführt wurde, und zu welchem eben die letztgenannte Schrift Wolffs das Signal gegeben hat, bekämpfte man in ihr nicht mehr die Hypothese, sondern das „System", d. h. die ganze Leibnizische von Wolff verteidigte Metaphysik, deren Grundlage und Dogma jener Gedanke sein sollte. Das Missverständnis ist ja zunächst nur ein ganz äusserliches. Das Wort „System" hat im siebzehnten und in der ersten Hälfte des achtzehnten Jahrhunderts nicht immer die, oder wenigstens nur die Bedeutung gehabt, in der wir es heute gewöhnlich anwenden. Schon Danzel hat einmal in einem ganz anderen Zusammenhang auf die Verwirrung hingewiesen, welche der doppelte Gebrauch dieses Wortes anrichten konnte.[1]) System ist, wie er an der angeführten Stelle feststellt, nach dem Sprachgebrauche der früheren Jahrhunderte zunächst „eine wissenschaftliche Denkungsart in Betreff eines einzelnen Punktes", also ein Gedanke, eine Meinung, eine Hypothese. In diesem Sinne hat es Leibniz für seinen Gedanken gebraucht und zwar so regelmässig, dass man von demselben bald allgemein nie anders redete, als von dem „System der prästabilierten Harmonie", wie er ja selbst in mehreren Schriften die Bemerkung: Auteur du

---

[1]) Neue Jenaische Allgemeine Litteraturzeitung 1848, Nr. 172, 173, 174.

Systeme etc. seinem Namen beifügte. Auch' Wolff hat überall da, wo er von der Leibnizischen Hypothese oder überhaupt von einer der drei strittigen Anschauungen spricht, das Wort „System" in dieser Bedeutung übernommen, während er es sonst in einem ganz anderen Sinne gebraucht, nämlich für: organisch gegliedertes Lehrgebäude.

Ein aus solchem doppelten Gebrauche des einen Wortes entstehendes Missverständnis hätte ja, sollte man denken, leicht aufgeklärt werden können. Aber bei der wenigstens teilweise doch recht unlauteren Kampfesweise seiner damaligen Gegner ward es im Gegenteil noch recht ausgebeutet, um so mehr, als man erst daraus alle jene Konsequenzen ziehen zu können meinte, welche die Wolffische Metaphysik so gefährlich erscheinen lassen sollten.

Auch die Anhänger Wolffs sind nicht alle von einer Ueberschätzung der Tragweite des Gedankens und der Wichtigkeit desselben für die Lehre des Meisters ganz frei geblieben, wohl eben, weil derselbe nun einmal im Mittelpunkt des Streites stehen blieb. Dann aber hatte einige von ihnen eigenes Studium der jetzt in grösserer Zahl allgemein zugänglichen Leibnizischen Werke der weitaus umfassenderen Auffassung desselben näher geführt, als ihr Wolff und sein getreuester Schüler Thümmig gekommen sind. Denn neben seiner Verwendung zur Erklärung der Vereinigung von Seele und Körper, welche Wolff allein übernommen hat, bildet derselbe Gedanke als göttliche Ordnung des Stufenreichs der Monaden, wenn nicht die Grundlage, so doch den Schlussstein der metaphysischen Spekulationen Leibnizens. Unter den Anhängern und Schülern Wolffs aber, welche auf Leibniz selbst zurückgriffen, steht ausser Michael Gottlieb Hansch in der ersten Reihe Georg Bernhardt Bilfinger, wie dies Dr. Richard Wahl in einem eingehenden Aufsatze in Fichtes Zeitschrift genauer nachgewiesen hat.[1]) Wolff hatte bei aller rückhaltlosen Aner-

---

[1]) N. F., Bd. 85, 1884, S. 66—92 u. 202—231.

kennung seiner Uebereinstimmung mit und seiner Abhängigkeit von Leibniz in vielen metaphysischen Gedanken, doch an der gleichen Stelle stets betont, dass dieser nur „bey sich ereignender Gelegenheit auf gemeine Art davon geredet", nirgends aber „die metaphysischen Wahrheiten in eine richtige Ordnung gebracht" habe. Bilfinger dagegen redet, wohl als erster, von einer Leibnizischen Metaphysik oder allgemeiner von einer Leibnizischen Philosophie, welche er stets selbständig neben der Wolffischen nennt. So ist es denn auch zu verstehen, wenn ihn später Wolff beschuldigt hat, er habe „die Konfusion gemacht". [1]) Den Ausdruck: Philosophia Leibnitio-Wolfiana habe ich übrigens in den von mir benutzten Schriften Bilfingers nirgends gefunden und ich glaube viel eher, dass derselbe durch die Streitschriften der Gegner aufgebracht, durch Ludovicis Biographie aber verbreitet worden ist. Thatsache ist jedenfalls, dass mit diesem Namen die Hauptgedanken und Grundlehren des Wolffischen Systems ohne weitere Nachweisungen im einzelnen für Leibniz in Anspruch genommen wurden, während Wolff selbst nur das Verdienst der Darstellung, Ordnung und teilweise der Begründung gelassen wurde. Diese merkwürdige Verschmelzung der beiden Systeme, welche weder für den einen noch für den anderen Teil von Vorteil war, vollzog sich in dem durch wissenschaftliche Kontroversen so überaus erregten Jahrzehnt von 1720—1730, und eine genauere Verfolgung derselben würde eine interessante und dankenswerte Aufgabe bilden. Sie war nur möglich in einer Zeit, die von Leibnizens philosophischen Ansichten im Grunde so wenig wusste, wie die damalige. Sie war, und das hat Wolff selbst mehr als einmal betont, einer Ausbreitung genauerer Kenntnis von denselben auch hinderlich und nicht zum wenigsten schuld daran, wenn noch ein halbes Jahrhundert später Lessing mit Recht klagen konnte: „La philosophie de Leibnitz est fort peu connue". Merk-

---

[1]) Wolff an Manteuffel 11. Mai 1746, vergl. Wuttke, S. 82.

würdiger ist, dass die neuere Geschichte der Philosophie, welche ja die Leibnizische Gedankenwelt in ihrem ganzen Umfange dargestellt hat und noch immer zu ergänzen im Begriffe ist, sich dieser Auffassung von dem Verhältnis beider Philosophen zu einander ohne genauere Prüfung derselben angeschlossen hat und die sich häufig zeigenden Unterschiede nicht aus der grundverschiedenen Auffassung beider Denker von dem Ziel und der Aufgabe der Philosophie im allgemeinen und der Metaphysik im besonderen erklärt, sondern aus der Unfähigkeit Wolffs zu einer richtigen Durchführung seiner eigentlichen Aufgabe, nämlich der Darstellung und Ordnung der Leibnizischen Gedanken.

Ich denke hier in erster Linie an jenen Gedanken, in welchem die ganze metaphysische Spekulation Leibnizens gegründet ist und gipfelt: den der Monade. Mit ganz richtigem Blick hat Wolff gerade im Hinblick auf ihn einmal gesagt, das Leibnizische System fange erst da an, wo das seinige aufhöre und eine Auseinandersetzung desselben sei ihm für seine Zwecke nicht nötig erschienen. Die Leibnizische Metaphysik sollte durch eine genial erdachte Weltanschauung das ganze Gebäude der Wissenschaften vollenden und krönen, ihre einzeln gewonnenen Ergebnisse unter einem grossen Gesichtspunkt vereinigen. So sind jene tiefen Gedanken von der durchgängigen Beseelung, von dem Stufenreich vorstellender Kräfte, die, von der dunkelsten bis zur deutlichsten Vorstellung aufsteigend, in ihrer durchgängigen Harmonie das Wesen des Universums ausmachen, während jede für sich eine Welt im kleinen bildet, entstanden.

Bei Wolff ist die Metaphysik nicht Ziel und Ergänzung, sondern Grundlage aller Wissenschaften. Sie enthält die Grundbegriffe und Grundsätze, mit welchen die anderen operieren sollen, auf welchen sie weiter zu bauen haben. Eine sorgfältige Erklärung und Bearbeitung derselben ist ihre Aufgabe. Er verhält sich zu Leibniz hier — wenn ich eine Analogie aus der späteren Entwickelung anführen darf —

etwa wie Herbart zu Fichte. Die „einfachen Dinge" Wolffs, welche lediglich als ein notwendiges Korrelat der zusammengesetzten aufgefasst werden dürfen und deren Grundkraft er, ohne sie näher zu bestimmen, als ein zur Erklärung der Bewegung notwendiges Postulat unseres Denkens darstellt, sind doch etwas anderes als die Leibnizischen Monaden, oder repräsentieren im höchsten Falle einen nicht einmal wesentlichsten Teil derselben; der Ursprung, wie der Ausbau des Gedankens aber ist sicher in beiden Fällen ein ganz verschiedener. Wolff selbst hat dies in seinen Anmerkungen zu der deutschen Metaphysik deutlich ausgesprochen, er hat es in seiner letzten Schrift, in der Vorrede zum fünften Band der lateinischen Ethik wiederholt, und nur das alte Vorurteil von seiner Eitelkeit und Unglaubhaftigkeit in allem, was seine Stellung zu dem grossen Vorgänger betrifft, ist Schuld daran, dass man es ihm nicht geglaubt hat.

In diesen Grundlagen der Metaphysik steht Wolff noch ganz auf dem Boden der Schulphilosophie einerseits und des cartesianischen Dualismus andererseits. Und auch den Begriff der Kraft, welchen er von Leibniz übernommen hatte — auch der war ja in diesem Sinne weit älter — musste er im Sinne der letztgenannten Anschauungen umgestalten, um ihn benutzen zu können. Leibnizens Gedanken waren hier nicht verflacht, sondern sie waren in jener Zeit, ebenso wie die Spinozas, noch gar nicht zur Wirkung gekommen. Wolff hat ganz recht, wenn er offen gesteht, dass er die eigentliche Meinung Leibnizens hierin nie verstanden habe, aber mit gleichem Rechte kann er auch noch in seinem Alter behaupten, dass sie bis jetzt überhaupt noch niemals vollkommen verstanden worden sei. Das zeigen zur Genüge die Kämpfe um die Monadenlehre, deren Zeuge er kurz vor seinem Ende noch geworden ist. Man muss darum von Aristoteles, der Scholastik und Descartes zu Wolff herauf- und nicht von dem richtig verstandenen Leibniz zu ihm herabsteigen, wenn man seine historische Stellung richtig würdigen will. Unter dem Einfluss der genannten Systeme war er während seiner Ausbildungszeit gestanden und hatte er seinen Standpunkt für das System gewonnen, bei dessen Ausbau er freilich Leibnizens Gedanken, soweit sie ihm bekannt wurden und verständlich waren, in weitgehendster Weise benutzte und dadurch auch verbreitete. Eine Zusammenstellung dieser letzteren würde darum auch sehr umfangreich werden, ist andererseits aber auch unnötig, da gerade hierauf in allen ausführlicheren Darstellungen der Wolffischen Lehre bis jetzt der Hauptwert gelegt und darum auch genauer eingegangen worden ist.[1]) Ein Beispiel nur möchte ich anführen, einmal, weil es unter den benutzten Gedanken, in der Gesamtentwickelung betrachtet, wohl der wichtigste ist, dann aber, weil es uns zeigt, dass Wolff nicht immer bei der Leibnizischen Fassung stehen bleibt, sondern auch über dieselbe hinaus selbständig weitergeht.

Schon brieflich hatte Leibniz Wolff einmal auf die grundlegende Bedeutung des von ihm zuerst in seiner ganzen Tragweite erkannten und dargestellten Satzes vom zureichenden Grunde hingewiesen.[2]) Die Theodicee, die sogenannte Monadologie, vor allem aber die mit Clarke gewechselten Streitschriften, hatten ihn zu einer genaueren Auseinandersetzung über dieses „metaphysische Prinzip" veranlasst und dasselbe zu einem Gegenstand wissenschaftlicher Kontroversen gemacht. Wolff hatte erst in der „ratio praelectionum", dann in dem zweiten Abschnitt der deutschen Metaphysik seine Verteidigung übernommen und seine Begründung versucht, schon ehe er es in der lateinischen Ontologie an die Spitze dieser Disziplin und damit in den Mittelpunkt seiner Metaphysik gestellt hat. Seine Begründung des Satzes, auf die Leibniz als unmöglich und

---

[1]) Das gilt vor allem von der Darstellung Zellers in seiner Geschichte der deutschen Philosophie.

[2]) In seinem Brief vom 23. Dezember 1709. Gerhardt, S. 113.

unnötig verzichtet hatte, ist ja ein unbedeutender und missglückter Versuch, in welchem sich schon bei einer oberflächlichen Betrachtung der logische Fehler zeigt. Wichtiger ist die bei ihm zum ersten Male schärfer durchgeführte Scheidung zwischen ratio und causa, Grund und Ursache, Erkenntnisgrund und Sachgrund. Wenn er diese Unterscheidung auch an anderen Stellen wieder etwas verwischt hat, wenn er ausserdem für die Tragweite dieses Gedankens, die er einmal schwach zu ahnen scheint, kein tieferes Verständnis zeigt, so ist dieser Schritt bei ihm doch ein Verdienst, welches auch schon Schopenhauer in seiner Dissertation hervorgehoben hat.[1]

Eine wirklich durchgeführte Scheidung dieser beiden Arten des Grundes musste unabwendbar zu einer Erschütterung der von Leibniz noch im Prinzip des Grundes vorausgesetzten durchgängigen Begreiflichkeit der Welt führen, und geht damit schon über die Grenzen des Dogmatismus hinaus. Wolff hat diesen Schritt nicht ausgeführt, wohl aber angedeutet und vorbereitet; und in diesem Sinne kann man mit Dr. Edmund König[2] sagen, dass der Rationalismus in ihm zur Selbstbesinnung komme.

Rein äusserlich knüpfen aber auch hier wieder an ihn viel mehr als an Leibniz die Erörterungen und Kontroversen an, welche in Deutschland über das Gesetz der Kausalität in den nächsten Jahrzehnten geführt worden sind, und die zusammen mit den Einflüssen englischer Philosophie auf die Ausbildung Kants eingewirkt haben.

---

[1] Kap. 2, § 10. Sämtliche Werke, herausgegeben von J. Frauenstädt I, S. 18 f.

[2] Dr. E. König: Die Entwickelung des Kausalproblems von Cartesius bis Kant. Leipzig 1888.

Die Wolffische Philosophie und ihre Aufgaben.

Das Wolffische System ist nicht dasselbe, wie das Leibnizische. Es benutzt in einzelnen Teilen dessen Gedanken, aber nicht sie alle und nicht sie allein. Vor allem fehlt ihm die Grundlage desselben, der Begriff der Monade in seiner vollständigen Durchführung. Wolff hat ihn, wie wir von ihm selbst hörten, unberücksichtigt gelassen, weil er ihn zu seinem Vorhaben nicht brauchte. Aus der Aufgabe der Wolffischen Philosophie wird sich darum ihr eigentümlicher Charakter und damit jener Unterschied am besten erklären lassen.

Wir reden heute beinahe bei jedem Philosophen von seinem System; man darf aber dabei nicht vergessen, dass wir diese Systeme selten den Denkern selbst verdanken, vielmehr den Historikern der Philosophie, welche die zerstreuten Gedanken derselben in einem grossen Gesamtbild vereinigt und aus ihrer Persönlichkeit, wie aus ihrem Zeitalter heraus erklärt haben. Das ist nicht immer genügend beachtet worden, und die Folge hiervon war, dass man die Bestrebungen, welche zur wirklichen Aufstellung solcher Systeme führten, nicht weiter verfolgt und ihre Bedeutung nicht ausreichend gewürdigt hat. An einer früheren Stelle schon wurde auf den Umschwung in der Bedeutung des Wortes, welcher sich im Anfang des vorigen Jahrhunderts bemerkbar macht, hingewiesen. Die Geschichte der Terminologie kann hier der Geschichte der Philosophie zu Hülfe kommen, wie das schon Rudolf Eucken in seiner „Geschichte der philosophischen Terminologie" für einige andere Fälle angedeutet hat. Den Unterschied in dem Gebrauche, welchen ihre Jahrhunderte von dem Worte „System" gemacht haben, möchte ich charakteristisch nennen für die Anschauung, welche Leibniz einerseits und Wolff andererseits von der Philosophie und ihrer Aufgabe gehabt haben. Dort bedeutet es erklärende Spekulation, hier zusammenhängende Darstellung unseres Denkens- und Wissensinhalts.

Die ungeheure Ausdehnung des Gesichtskreises und Bereicherung des Wissens in den letzten drei Jahrhunderten hatte nach allen Seiten hin die Schranken durchbrochen, in welche das auf theologischer Grundlage beruhende Schulsystem des Mittelalters seinen gesamten Gedankeninhalt zusammengefasst und damit lehr- und nutzbar gemacht hatte. Von protestantischer, wie von katholischer Seite hat man zuerst versucht, jene überlieferten Grundlagen beizubehalten, die alten Schulsysteme durch Erweiterung und Reform für die Aufnahme der modernen Gedanken und Lehren zugänglich zu machen. Wie die religiöse Reformation des 16. Jahrhunderts nur von den Kirchenvätern und der Tradition zurückgriff auf die Evangelien und die Apostel, so hat die philosophische Reform derselben Zeit zunächst nur von der Scholastik zurückgehen wollen auf Plato und Aristoteles. Das System der Reformation, wie das der Gegenreformation, das des protestantischen Theologen Melanchton, wie das des spanischen Jesuiten Suarez, sind im Grunde nichts anderes, als neue Scholastik. Auf die Dauer konnten sich Beide mit den neuen Gedanken nicht vertragen.

Eine Darstellung des gesamten Gedankeninhalts und die Schaffung der Mittel zu seiner Verbreitung, Verwertung und Vergrösserung, das sind die zwei Teile der dem Zeitalter vorschwebenden Aufgabe. Die Bestrebungen, welche ihre Lösung versuchten, gilt es zunächst einzeln kurz zu betrachten.

Die romanischen Länder, deren eigentliche Schöpfung einst das alte System und die theologische Universität gewesen waren, und die bei der Bereicherung des Wissens und Erweiterung des Denkens in der ersten Zeit auch im Vordertreffen gestanden hatten, haben jener Aufgabe wenig Verständnis entgegengebracht. Als man dort verhältnismässig spät eine Zusammenstellung des Wissensinhalts wenigstens unternahm, geschah das erstens schon in Abhängigkeit von anderen Versuchen, dann aber in einer Form, welche sie für eine ernsthafte Wirkung, die über eine oberflächliche Verbreitung einzelner Kenntnisse hinausgeht, untauglich machte, weil sie der Zerfahrenheit und ungeordneten Vielwisserei Thür und Thor öffnet. Bayle gab seine Encyklopädie in alphabetischer Form; er ist damit der Vater jener Lexikonbildung geworden, die nicht zu unserem Vorteil in diesem Jahrhundert einen sehr grossen Einfluss auf die wissenschaftliche Allgemeinbildung gerade unseres Vaterlandes gewonnen hat und doch als deren bitterster Feind bekämpft werden sollte.

Schon weit früher und auch schon erfolgreicher ist man in dieser Richtung in England vorgegangen. Der Begründer der englischen Philosophie hat beide Seiten der Aufgabe berücksichtigt; die erste hat er in seiner Art gelöst, für die Lösung der anderen hat er wenigstens eine Anregung gegeben. Aber die Baconische Encyklopädie war zu grossartig angelegt, in ihrem Einteilungsprinzip zu originell und rücksichtslos, um zum Schulsystem werden zu können. Sie musste entweder fragmentarisch bleiben, oder im Reiche der Wissenschaften vollkommen revolutionär wirken; ein gesunder Fortschritt war auch von ihr nicht zu erwarten. Geschehen ist denn das erstere. Ganz das gleiche Schicksal haben aus demselben Grunde auch die ähnlichen Bestrebungen gehabt, welche sich, meist von Bacon beeinflusst und nur in Einzelheiten selbständig, im Laufe des 17. Jahrhunderts in Deutschland regten, und unter denen die Leibnizens wohl die interessantesten sind.[1]) Die französische Encyklopädie hat sich später auf Bacon als ihren geistigen Vater berufen und in gewissem Sinne auch mit Recht. Als logische Aggregation, wie Kuno Fischer sie treffend bezeichnet, steht die englische Encyklopädie in der Mitte zwischen der alphabetischen und der systematischen, zwischen der französischen und der deutschen, zwischen dem Dictionnaire und der Wissenschaftslehre; in der Mitte, aber dennoch dem ersteren viel näher, als der letzteren.[2])

Das neue System Bacons steht im vollen Gegensatz zu den überlieferten Bildungssystemen; ebenso das neue Mittel zu seiner Ausbreitung, das er schon empfohlen hat und das in England zuerst versucht ward. Ob seine Anregungen für diesen Versuch von Einfluss gewesen sind oder nicht, ist für uns hier gleichgültig. Aber auch jene neue Form einer Konzentration der wissenschaftlichen Arbeit mehrerer Gelehrten zu gemeinsamer Forschung, wie sie das 17. Jahrhundert im Gegensatz zu der Universität des Mittelalters ausgebildet hatte, ist als Lösung des zweiten Teiles der Aufgabe nur teilweise glücklich gewesen. Wenn die Akademieen in den naturwissenschaftlichen Entdeckungen Triumphe gefeiert haben, so sind sie für eine gedeihliche Entwickelung philosophischen Denkens ungleich weniger günstig gewesen. Dessen Probleme lassen sich nicht durch gemeinsame Forschung lösen, und die geistvollen Kontroversen eines Leibniz mit Bayle, Locke, Clarke und Newton haben mehr die Streitfragen in den Vordergrund des Interesses gerückt und verschiedene Auffassungen derselben zu allgemeinerer Kenntnis

---

[1]) Vergl. auch die Schrift Guhrauers über Joachim Jungius. Stuttgart 1850.

[2]) Vergl. das Kapitel: Organon und Encyklopädie in K. Fischers Werk über Francis Bacon. 2. Aufl., Leipzig 1875.

gebracht, als eine derselben wirklich erledigt. Ein wesentlicher Fortschritt kann hier nur durch die unverdrossene Denkarbeit eines einzelnen in Gestalt eines inneren Erlebnisses erreicht werden. Dann aber drohten gerade die Akademieen das Band, welches die Wissenschaft als solche mit der allgemeinen Bildung verknüpfte, immer mehr und mehr zu lockern, indem sie die neuen Gedanken und Gesichtspunkte zu einer Domäne eines geistig hochgebildeten Gelehrtenkreises machten, während auf den Schulen die überwundene Scholastik oder jener verwässerte Eklektizismus, der damals mit dem Namen des Aristoteles als Schutzmarke gedeckt und beglaubigt wurde, gelehrt ward. Die Erweiterung des Wissens förderten sie nach mancher Richtung; nicht aber seine Verbreitung.

Keine Disziplin aber kann eine solche Beschränkung weniger vertragen, als die Philosophie. Denn nur zu leicht wird sich das allgemeine Interesse, wenn sie ihm nicht entgegenkommt, von ihr als einer schemenhaften Sache abwenden und der alltäglichen Betrachtung näherliegende Auffassungen erwählen. Andererseits aber setzt jede gesunde Allgemeinbildung, welche einzig und allein ein geistig hochentwickeltes Zeitalter heraufführen kann, ein reges Interesse an und ein tieferes Verständnis für die Philosophie voraus. Die Akademieen haben, um es kurz noch einmal zusammenzufassen, der Naturwissenschaft genutzt, der Philosophie aber geschadet; sie waren der Erweiterung des Wissens günstig, seiner Verbreitung nicht. Die Entwickelung der Anstalten, welche schon im 18. Jahrhundert die Hauptstützen des extremsten Mechanismus und Materialismus geworden sind, und die ganze Gestaltung der englischen und französischen Philosophie, welche durch den Empirismus zum Materialismus und Skeptizismus herabsinkt, beweisen das erstere; ein ähnlicher Verlauf in der anderen Richtung ward wenigstens für England nur dadurch verhütet, dass sich die Naturforschung neben der Akademie auch einer Universität bemächtigt hat, wo sie wirklich fortwirken konnte.

Der Hauptfehler der angeführten Versuche ist der gewesen, dass sie dem Ueberlieferten gegenüber zu radikal vorgegangen sind. Nur durch eine Vermittelung konnte der richtige Weg gefunden werden. Die neue Encyklopädie musste von dem alten System beibehalten, was noch brauchbar oder zunächst unentbehrlich war. Zu ihrer Verbreitung aber musste das überlieferte Mittel herangezogen werden: sie musste von der Akademie zurückkehren an die Universität; nicht mehr an die theologische Universität der Scholastik und der unter ihrem Einfluss noch gebliebenen Folgezeit, sondern an die mit ihrer Hülfe geschaffene philosophische. Dieser Umschwung hat sich am deutlichsten und nachhaltigsten in Deutschland vollzogen, und es ist vielleicht bezeichnend, dass man bei der Neubegründung der ersten deutschen Akademie meist zu Ausländern seine Zuflucht nehmen musste. Christian Wolff aber mag ein Gefühl von dieser Bedeutung seiner Entschliessung gehabt haben, als er damals sich sträubte gegen das verlockende Anerbieten Friedrichs II., der ihn auch äusserlich zum Nachfolger eines Leibniz machen wollte. Denn er ist es gewesen, durch den der genannte Schritt gethan worden war der die beiden Teile jener Aufgabe nicht in der grossartigsten und genialsten — denn hier steht er hinter Bacons und wohl auch hinter Leibnizens Plänen zurück — wohl aber in der praktischsten und erfolgreichsten Weise gelöst hat. Das ist die Stelle, die Wolff in der allgemeinen Entwickelung der neueren Philosophie einnimmt und die jetzt noch im einzelnen kurz ausgeführt werden soll.

Schon ganz zu Anfang seiner akademischen Lehrthätigkeit, als er sich für die erste philosophische Vorlesung vorbereitete, stellte Wolff an die Spitze derselben die Definition: „Philosophia est scientia possibilium, qua talium". Da aber möglich soviel ist als denkbar, so ist mit dieser Erklärung die ganze Gedankenwelt für die Philosophie in

Anspruch genommen. Es giebt nichts, was nicht einer philosophischen Erkenntnis fähig wäre, ausgenommen die Offenbarungen der Religion.[1]) Gefunden hat er diese Definition, wie er selbst erzählt, als er "bei Gelegenheit des copernicanischen Weltbaues untersuchte, ob man philosophische und absonderlich physikalische Fragen aus der heiligen Schrift entscheiden könne oder nicht".[2]) — Es war das gleiche Problem, das ihn, wie früher erzählt wurde, mit seinem Lehrer Neumann entzweit und so der Theologie endgültig untreu gemacht hatte. — Veröffentlicht hat er sie zum ersten Male in der Vorrede zu den "Elementa aërometriae". Wolff erzählt selbst einmal, Leibniz habe ihm gegenüber bei seinem letzten Besuch in Halle im Rückblick auf seine eigenen Jugendpläne den Wunsch geäussert, es möchte sich ein Gelehrter finden, der nach dem Exempel Alsteds eine Encyklopädie zusammenschriebe, man könne die Wolffischen "Elementa Matheseos" derselben dann gerade einverleiben.[3]) Das war schon lange Wolffs Plan, wenn er sich auch an das hier genannte Vorbild nicht halten wollte und halten konnte. Er hat denselben auch ausgeführt; denn seine Philosophie ist eine solche Encyklopädie.

Ausgegangen war Wolff von dem Plane, die Moral philosophisch zu begründen. Sein erster wissenschaftlicher Versuch ebenso wie sein letztes grosses Werk haben dieser Aufgabe gegolten. Die Voraufgaben, welche ihm hierzu notwendig erschienen, führten ihn zu der Aufstellung und

---

[1]) "... qui enim ad animum revocaverit, quae de cognitione philosophica paulo ante attulimus, usum philosophiae hinc longe amplissimum agnoscet, propterea quod nihil detur, si ab iis discesseris, quae a Deo revelata sanctissimae nostrae religionis fundamenta sunt, quod cognitionem philosophicam non admittit." Horae subsec. I, S. 15.

[2]) Ratio prael., Sect. II, Cap. I, § 2. Phil. rat.: Disc. prael., Cap. II, § 19.

[3]) Im Elogium G. G. Leibnitii in den Act. erud.

Darlegung seines Systems.[1]) Die Erfassung der Aufgabe, deren Stelle wir oben in der allgemeinen Entwickelung aufgesucht haben, ist damit auch biographisch festgestellt.

Ein solches System aber konnte natürlich nicht neu geschaffen werden; niemals hat sein Begründer Anspruch gemacht auf eine völlige Originalität des ganzen Gedankeninhaltes. „Man kann nicht prätendieren," so verteidigt er sich selbst, „dass wenn einer ein Systema schreibet, er blos seine eigenen Erfindungen hineinbringen soll: denn dieses wäre eben so viel, als vorgeben wollen, dass unsere Vorfahren gar nichts gutes gehabt hätten. ... Unterdessen ist gewiss, dass, wenn man es auf eine solche Art untersuchet, wie ich es gewohnt bin, alles ebenso herauskommt, als wenn wir die ersten Erfinder gewesen wären, denn wir haben es in der That aus uns beiwohnender Erkenntnis herausgebracht, als wie wir es würden gemacht haben, wenn wir es vor uns gefunden hätten".[2]) Diese Stelle spricht so recht den Grundgedanken von Wolffs Bestrebungen aus. In sich selbst die Vereinigung alles damaligen Wissens durchzuführen, indem er in seinen Gedanken die Arbeit von Jahrhunderten noch einmal übernahm, und das objektiv Gebotene in ein subjektiv Erkanntes umschuf, den durchgängigen Zusammenhang dieses Gedankenganges aber sich selbst klar zu legen und anderen einzupflanzen, das war die Aufgabe, die er sich gestellt hatte. Nicht unvorbereitet ist er an dieselbe herangetreten; fast ein Menschenalter hat er daran gearbeitet, sich in die Gedankenwelt der verschiedensten grossen Geister einzuleben. Neben den beiden Schulsystemen hatte er die Anfänge der nationalen Philosophieen in Frankreich, Italien und den Niederlanden, Descartes, Campanella und Hugo Grotius und andere kennen

---

[1]) Vergl. Wolffs Antwort auf die Aufforderung des Abtes Schmidt in Helmstädt. Wuttke, S. 143.
[2]) Ausf. Nachricht, S. 192.

gelernt, hatte, wie wir des näheren ausgeführt haben, sich teilweise in die Gedankenwelt eines Leibniz eingelebt, hatte endlich — und das ist das wichtigste — auch den Einfluss der englischen Naturwissenschaft vollständig auf sich wirken lassen. Ob er die Gedanken dieser Männer richtig erkannt habe, kümmerte ihn wenig, da er ja nicht das darstellen wollte, was der eine oder andere gelehrt, sondern was er von demselben gelernt hat.[1]) Ebensowenig aber hat er jene Einflüsse verschweigen wollen, was ihm ja so oft vorgeworfen worden ist. Ein Blick in seine Schriften würde uns davon überzeugen können, auch wenn er es nicht mehrmals nachdrücklich selbst versichert hätte.[2]) Sein System war ein eklektisches; er hat es gewusst und gewollt. „Man siehet wiederum aus dieser Probe, dass ich nichts Sektirisches verlange, mich auch nicht überrede, als wenn ich oder ein anderer allein die Wahrheit sähe, sondern dass ich alles Gute zu behalten suche, es mag angetroffen werden, wo es

---

[1]) „Ich habe mich in meinen Lehren und Meinungen nach niemanden gerichtet, sondern bloss darauf gesehen, ob ich es nach den von mir gemachten Erklärungen als wahr begriffen und mit tüchtigen Gründen erweisen kan. Derowegen, wenn ich auch in anderen Schriften etwas gefunden, so mir angestanden; so ist dieses mein geringster Kummer gewesen, ob ich des andern Meinung getroffen habe, oder nicht. Es ist mir genug gewesen, dass ich es in dem Verstande, wie ich es angenommen, als wahr erkannt oder wenigstens als wahrscheinlich gefunden habe." Ausf. Nachricht. S. 149.

[2]) „Ich habe auch zugleich wohlverdienten Autoribus den ihnen gebührenden Ruhm jederzeit gerne und willig gegeben und daher ihren Namen genennet, wo ich ihre Erfindungen und Anmerkungen beschrieben: denn ich verlange nicht, dass Leute, die in der Geschichte der Gelehrten unerfahren sind, mir aus Unwissenheit zueignen, was andern gebühret, und halte es für einen grossen Undank, welches Laster so wenig, als andere, Leuten von Verstande anhaftet, wenn man das Andenken derer nicht erhalten will, welche sich um die Wissenschaften verdient gemacht, und denen wir es zu danken haben, dass wir jetzund wissen, was vor ihnen unbekannt war, und durch ihre Hülfe nun weiter gehen können, als sie selbst kommen sind." Vorrede zu Allerh. nützl. Versuche etc. III, 1722.

will, nur davor sorge, dass es von den anklebenden Vorurteilen befreyet werde, damit nicht durch Missbrauch der Wissenschaft daraus ein Nachtheil erwachsen kann. Und dieses dünkt mich, ist die rechte Art eines Philosophi-Eclectici, oder eines Welt-Weisen, der zu keiner Fahne schwöret, sondern alles prüfet und dasjenige behält, was sich miteinander in der Vernunft verknüpfen oder in ein Systema Harmonicum bringen lässet."[1])

Ein solches System des Wissens ist an und für sich unfruchtbar; Bildungssystem kann es nur werden, wenn der Eingang ihm erkämpft worden ist; wenn es nicht nur aufgestellt, sondern auch verbreitet wird. Mit einem Wort: der Schöpfer eines solchen Systems muss auch sein Lehrer werden. Diese beiden Talente hat Wolff in besonderem Masse in sich vereinigt und darauf gründet sich sein Erfolg und seine Bedeutung. Wolff war sein ganzes Leben lang in erster Linie akademischer Lehrer. Dieser Thätigkeit galten von früh an seine Wünsche, und auch später haben ihn verlockende Aussichten derselben nicht untreu machen können. Seine grösseren Werke sind durchgängig in langjährigen Vorlesungen vorbereitet und geschaffen worden. Alle ihre Vorzüge und alle ihre Schattenseiten lassen sich aus diesem Ursprung erklären; die durchgängige Klarheit des Gedankens und Bestimmtheit des Ausdrucks ebensowohl, wie die Breite und Umständlichkeit der Ausführungen, die den Hörer weniger, als den Leser ermüdete, oder die Schwächen und Fehler in den Demonstrationen, welche bei anschaulicher Darlegung dem Hörer leichter, als dem Leser entgingen. Wie das Studium der Mathematik und ihre allgemein fassliche Darstellung in Wort und Schrift einerseits ihn selbst für seine philosophische Aufgabe herangebildet, andererseits aber auch in der akademischen Jugend, wie in weiteren Kreisen für das bessere Verständnis und

---

[1]) Anm. zu d. vern. Ged. von Gott etc. § 242, S. 377.

die erfolgreichere Lösung derselben vorgebaut hatte, so sollten jetzt die philosophischen Vorlesungen ihm nicht nur einen Kreis von Schülern und Helfern verschaffen und erziehen, sondern auch ihn selbst vorbereiten für die schriftstellerische Aufgabe, die ihm als die letzte, weitreichendste und darum wichtigste noch blieb. Als Lehrer hat er sich aber auch hier noch stets gefühlt. Aus dem Professor der Universität Halle sollte der Praeceptor Germaniae, ja vielleicht der „Professor universi generis humani" [1]) werden. So weitreichend hat sich denn freilich seine Wirksamkeit nicht gestaltet. Sie ist so ziemlich auf sein Vaterland beschränkt geblieben und erst durch dessen Weiterentwickelung der Allgemeinheit mittelbar nützlich geworden. Darum liegt auch seine Hauptbedeutung auf dem Gebiete der Entwickelung des nationalen Geisteslebens und man darf nicht unterlassen, seine Stellung auch von diesem Gesichtspunkte aus zu betrachten.

Der durchgreifende Unterschied zwischen dem Mittelalter und der Neuzeit liegt in dem Hervortreten des nationalen Elements gegenüber dem universalen. Das zeigt sich zuerst auf dem Gebiete des politischen, später allerdings mit grösserer Schwierigkeit und darum auch mit geringerem Erfolg auf dem des religiösen Lebens; zuletzt finden wir einen gleichen Prozess auch auf dem des im engeren Sinne geistigen Lebens, auf dem der Wissenschaft und Litteratur. Während man aber die Geschichte der letzteren gewöhnlich von diesem Gesichtspunkt betrachtet, hat man denselben bei der anderen noch nicht oder doch noch nicht genügend berücksichtigt. Die Geschichte der exakten Wissenschaften ist und bleibt natürlich international; nur ein unwissenschaftlicher Chauvinismus könnte hier eine Aenderung for-

---

[1]) Als solchen hat er sich selbst in dem Programm, mit welchem er nach seiner Rückkehr in Halle seine Vorlesungen eröffnete, bezeichnet.

dern. Anders ist es mit der Philosophie. Das erfahrende Denken ist allgemein, denn sein Resultat ist etwas Objektives; das reflektierende und betrachtende, ob es künstlerisch schaffend oder philosophisch begreifend auftritt, bietet etwas Subjektives. Seine Leistungen wollen beurteilt sein aus der Persönlichkeit des denkenden Subjektes im engeren und weiteren Sinne; das heisst eben für unsere Neuzeit aus dem Einzelgeist und aus dem Volksgeist. Jene grossartige Auffassung der Geschichte der Philosophie als einer Selbstentwickelung des menschlichen Allgemeingeistes, deren kurze Rekapitulation im Denken des Einzelgeistes erscheint, wird einer der genialsten und lehrreichsten Gedanken immerfort bleiben, aber er wird der neueren Zeit in seiner Durchführung nicht vollkommen gerecht werden, wenn er nicht von dem oben geschilderten Gesichtspunkte aus ergänzt wird. Thatsächlich ist denn auch in demjenigen neueren Geschichtswerk, welches den Hegelschen Gedanken wohl am glänzendsten durchgeführt hat, diese Ergänzung in mehr als einer Richtung schon enthalten. Eine solche Auffassung wird dann auch die Trennung zwischen der Entwickelung der neueren Philosophie und der neueren Litteratur, soweit sie überhaupt heute noch besteht, endgültig beseitigen und der Geschichte Beider damit eine zweckmässige Weiterentwickelung garantieren.

In der Geschichte der neueren Philosophie ebenso wie in der der neueren Litteratur ist Deutschland zuletzt unter den hier überhaupt in Betracht kommenden Kulturvölkern Europas auf den Schauplatz getreten. Nur ganz vereinzelte Bestrebungen hatten sich auch vorher schon gezeigt, dieselben sind aber immer auf kleinere Kreise beschränkt geblieben und für die Entwickelung nicht bedeutungsvoll geworden. Selbst das Auftreten einer Persönlichkeit, wie Leibniz hatte daran nicht wesentlich etwas geändert. War er doch bei aller Originalität seiner Gedanken und Lehren in der Entwickelung und Benutzung derselben, wie in seiner ganzen Art des Philosophierens den Bahnen gefolgt, welche die französische Philosophie vorgezeichnet hatte. Die Akademieen, deren Begründung er so eifrig betrieben hatte, versagten hier fast vollständig, und die Universitäten waren in ziemlich wenig erfreulichem Zustande: katholische und protestantische Scholastik, verwässerter Aristotelismus, abenteuerlich zusammengeflickter Eklektizismus und jene oberflächliche französische Popularphilosophie, wie sie der bei manchem Verdienste doch meist überschätzte Thomasius vertrat und lehrte, machten sich dort um die Wette breit. Man müsste auf Einzelheiten eingehen, wollte man die Zustände in ihrer ganzen Verkommenheit und Unfruchtbarkeit darstellen. Diese aber muss man kennen, um die Wirkung der Wolffischen Lehre und Lehrart zu verstehen, und um den Einfluss der Wolffischen Schule auf die Entwickelung unserer Universitäten genügend zu würdigen.

Die Philosophie unterscheidet sich nach Wolffs Lehre von den Einzelwissenschaften nicht durch den Inhalt der Lehre, sondern durch die Lehrart, d. h. durch die darin gebrauchte Art der Erkenntnis. Gegenüber der historischen, welche sich auf Erzählung, Aufzählung und Beschreibung beschränkt und in der Polyhistorie des 17. Jahrhunderts so recht ihren Ausdruck fand, unternimmt sie die Begründung und Verknüpfung. Die durchgängige Anwendung der philosophischen Betrachtungsweise auf alle Zweige menschlichen Wissens ist die Aufgabe, deren Vermittelung nach Wolffs Ansicht die Universität zu übernehmen hat. Die Betrachtungsweise sollte zur Denkungsweise, die Erkenntnisart zur Denkungsart werden. Es galt nicht in erster Linie, das deutsche Volk Philosophie zu lehren, sondern es philosophisch denken zu lehren. Hierin liegt Wolffs Hauptverdienst und seine nur zu selten betonte Bedeutung. Das wollte er aussprechen, wenn er selbst die Grundrichtung seiner Lehre als durchaus praktisch, wenn er die Verbesserung der Philosophie zum Gebrauche der höheren Fakultäten als seine

Aufgabe bezeichnet hat. Die Philosophie ist nicht nur selbst eine Wissenschaft, sie ist die Propädeutik aller anderen Wissenschaften. Der Grundcharakter der Universität muss ein philosophischer werden, ebenso, wie er im Mittelalter ein theologischer war. Diese Umwandlung der deutschen Universitäten hat sich im Laufe des vorigen Jahrhunderts vollzogen; sie ist oft übersehen worden, weil es sich hier nicht um eine auch äusserlich bezeichnete formelle Aenderung gehandelt hat, sondern nur um eine stillschweigende und allmähliche thatsächliche.[1]) Darin liegt auch der tiefere historische Grund für den erbitterten Zusammenstoss mit der herrschenden Theologie, wenn die Beteiligten sich über diese Bedeutung des Kampfes auch noch nicht klar waren. Diese Entwickelung im einzelnen aufzuhellen, müsste die Aufgabe einer Geschichte des deutschen Geisteslebens im Anfange des vorigen Jahrhunderts sein, welche ja bis jetzt das Stiefkind unserer Wissenschaft gewesen ist.

Die Universität im allgemeinen und sein akademisches Lehramt im besonderen waren Mittel, deren sich Wolff bei Durchführung seiner Aufgabe bediente; es waren aber nicht die einzigen. Nicht nur Lehrer galt es auszubilden, sondern auch Lehrbücher zu schaffen, welche noch auf weitere Kreise wirken konnten, als sie der Universität zugänglich sind. So sind seine deutschen sowohl als seine lateinischen Schriften entstanden, und von diesem Gesichtspunkte aus wollen sie, besonders die erstgenannten, auch beurteilt sein. Die Anwendung der deutschen Sprache bei Verbreitung seiner Lehren in Schrift und Wort war nichts neues; im ersten Falle waren schon mehrere, unter anderen auch Leibniz, im zweiten vor allem Thomasius ihm vorange-

---

[1]) Vergl. F. Paulsen, Wesen und geschichtliche Entwickelung der deutschen Universitäten in: Die deutschen Universitäten, für die Universitätsausstellung in Chicago 1893 ... herausgegeben von W. Lexis. Berlin 1893, S. 29 f.

gangen. Und doch knüpft sich auch hier die Hauptwirkung an seinen Namen. Es würde zu weit führen, Wolffs Bedeutung für die deutsche Terminologie, die bei Eucken zwar lobend anerkannt, aber noch lange nicht genügend gewürdigt worden ist, hier auch nur flüchtig zu berühren. Ja, man könnte noch weiter gehen und überhaupt einem Historiker der deutschen Sprache eine genauere Untersuchung seines Einflusses auf die Ausbildung dieser empfehlen, welche für ihn sicher nicht ungünstig ausfallen würde. Hier sei nur besonders hingewiesen auf seine ganz systematisch angelegten Bemühungen, für die philosophischen Kunstwörter an Stelle der schwerverständlichen und verwirrenden Fremdwörter einfachere und leichter einleuchtende deutsche Ausdrücke zu setzen, was unbedingt nötig war, wenn man sie dem Volke näher bringen wollte. Wenn seine Schüler hierin sich Uebertreibungen zu Schulden kommen liessen, und damit vielleicht die Reaktion selbst heraufbeschworen haben, so ändert das nichts an dem Verdienste des Meisters. Dass diese Anregungen so erfolglos geblieben sind, das hat die Kantische Philosophie verschuldet, welche, vielleicht im bewussten Gegensatz zu Abarten der anderen Richtung, gerade in das gegenteilige Extrem verfallen ist und durch ihre schnelle und weite Verbreitung demselben fast kampflos wieder zum Siege verholfen hat. Gerade in dieser ungeheuren Verschiedenheit der Ausdrücke der philosophischen Kunstsprache von denen der Umgangssprache liegt vielleicht ein Hauptgrund dafür, dass sich heutzutage philosophische Gedanken nur so überaus schwer in weitere Kreise einleben.

Das mag genügen, um in kurzen Zügen die Stellung Christian Wolffs in der allgemeinen Geschichte der Philosophie, wie besonders in der geistigen Entwickelung Deutschlands, anzudeuten. Für die erstere ist es ja eben sein Hauptverdienst, dass er sein Volk zum Eintritt in dieselbe recht eigentlich erzogen hat, damit es, als die Länder, welche bisher die Träger philosophischen Fortschritts gewesen waren, zu versagen drohten, auf solider Grundlage herangebildet die Weiterarbeit übernehmen konnte. Diese Stellung aber ist doch eine etwas würdigere als die eines unvollkommenen und verflachenden Dolmetschers und Kompilators der Leibnizischen Gedanken. Man hat Christian Wolff häufig den zweiten „Praeceptor Germaniae" genannt und mit diesem Titel hingewiesen auf jenen Mann, der in weit schwierigeren Zeitverhältnissen eine ähnliche geistige Erziehung seines Volkes durchzuführen versucht hatte. Dass hier aber mehr als eine bloss äusserliche Aehnlichkeit, dass eine bewusste Nacheiferung vorliegt, das machen uns die zwar nicht häufigen, aber stets um so bedeutungsvolleren Erwähnungen Melanchthons und seiner Bemühungen gerade in dieser Richtung, die er einmal sogar mit seinen eigenen vergleicht, mehr als wahrscheinlich.[1])

---

[1]) Vergl. die Vorrede zu den Elementa Matheseos. und besonders die Stelle: Horae subs. III, S. 59 f.

Beilage:
Chronologische Uebersicht über den Briefwechsel zwischen Leibniz und Wolff.

Quellen.

1. Der handschriftliche Briefwechsel Leibnizens auf der königlichen Bibliothek zu Hannover. 200 Bl. (Bodem. 1010.) (Hann.)
2. Einzelne Briefe auf der Universitätsbibliothek zu Göttingen im Cod. Msc. Philos. 138. Litterae ad Leibnitium Bl. 113—117. (Gött.)

Publikationen.

1. Gottsched, Historische Lobschrift des Freiherrn von Wolff etc. Halle 1755. Beilagen. (Gottsch.)
2. Briefwechsel zwischen Leibniz und Christian Wolff etc. herausgegeb. von C. J. Gerhardt. Suppl.-Band zu L.'s Gesammelte Werke, herausgegeben von G. H. Pertz. Halle 1860. (Gerh.)

Chronologische Uebersicht.

Nr.	Jahr.	Datum.	Brief.	Handschrift.	Druck.
1.	1704.	Leipzig, 20. Dez.	W. an L.	Han. Bl. 2, 3.	Gerh. I (S. 14).
2.	1705.	Berlin, 21. Febr.	L. an W.	„ Bl. 196/7.	„ II (S. 16).
		(Konzept auf Foliobogen.)			
3.	„	Leipzig, 4. April	W. an L.	Han. Bl. 4—7.	Gerh. III (S. 21).
4.	„	„ 13. Mai	„ „ „	„ Bl. 8—11.	„ IV (S. 24).
5.	„	o. D.	„ „ „	„ Bl. 12, 13.	„ V (S. 28).
6.	„	Hann., 20. Aug.	L. an W.	„ Bl. 15/6.	„ VI (S. 31).
		(Abschrift.)			
7.	„	Leipzig, 15. Okt.	W. an L.	Han. Bl. 17—22.	Gerh. VII (S 36).

Nr.	Jahr.	Datum.	Brief.	Handschrift.	Druck.
8.	1705.	Hann., 9. Nov.	L. an W.	Han. Bl. 21—24.	Gerh. VIII (S. 43).
		1. Konzept auf dem vorhergeh. Brief Wolffs.			
		2. Konzept auf Oktavblatt (Gerh.).			
9.	„	Leipzig, 2. Dez.	W. an L.	Han. Bl. 25—28.	Gerh. IX (S. 46).
10.	„	Hann., 8. Dez.	L. an W.	„ Bl. 28—30.	„ X (S. 50).
		1. Konzept auf dem vorigen Briefe.			
		2. Eigenhändige Abschrift auf Oktavblatt.			
11.	„	Leipzig, 30. Dez.	W. an L.	Han. Bl. 31, 32.	Gerh. XI (S. 51).
12.	1706.	Leipzig, 14. Jan.	W. an L.	„ Bl. 33.	„ XII (S. 53).
13.	„	Hann., 23. April	L. an W.		Gottsch. Beil. A.₁ (S. 3).
14.	„	Leipzig, 5. Mai	W. an L.	Han. Bl. 34.5.	Gerh. XIII (S. 53).
15.	„	Hann., o. D.	L. an W.	„ Bl. 34—27.	„ XIV (S. 56).
		1. Auszug (ex resp.) auf dem vorigen Brief.			
		2. Eigenh. Konzept (Gerh.).			
16.	„	Hann., 2. Sept.	L. an W.		Gottsch. Beil. A.₂ (S. 3).
17.	„	Halle, 26. Sept.	W. an L.	Han. Bl. 41/2.	Gerh. XV (S. 58).
18.	„	Halle, 3. Okt.	W. an L.	„ Bl. 43/4.	Gerh. XVI (S. 60)
					u. Gottsch. Beil. B. (S. 4).
19.	„	Halle, 16. Okt.	W. an L.	Han. Bl. 45.	(vgl. Gerh. S. 61).
20.	„	Halle, 25. Dez.	W. an L.	„ Bl. 46,7	Gerh. XVIII (S. 61
					unv.).
21.	1707.	o. D.	L. an W.	„ Bl. 47.	Gerh. XVIII (S. 64).
		Konzept auf dem vorigen Brief.			
22.	„	Halle, 8. Jan.	W. an L.	Han. Bl. 50/1.	Gerh. XIX (S. 65)
		(mit Wiederholung des Briefes 20).			
23.	„	o. D.	L. an W.	Han. Bl. 51.	Gerh. (S. 66).
		Auszug (ex resp.) unter dem vorigen Brief.			
24.	„	Halle, 22. Jan.	W. an L.	Han. Bl. 52.	Gerh. XX (S. 66).
25.	„	o. D.	L. an W.	„ Bl. 53.	„ XXI (S. 69).
		Auszug auf dem vorigen Brief.			
26.	„	Halle, 20. Mai	W. an L.	Han. Bl. 56—8.	Gerh. XXIII (S. 73).
27.	„	Halle, 3. Juli	W. an L.	„ Bl. 59, 60.	„ XXIV (S. 77
					unv.).
28.	„	o. D.	L. an W.	„ Bl. 60	„ XXV (S. 79).
		Auszug (ex resp.) auf dem vorigen Brief.			
29.	„	Halle, 24. Juli.	W. an L.	Han. Bl. 61/62.	Gerh. XXVI (S. 80
					unv.).
30.	„	o. D.	L. an W.	„ Bl. 62.	„ XXVI (S. 82).
		Auszug auf dem vorigen Brief.			
31.	„	Halle, 31. Aug.	W. an L.	Han. Bl. 63.	Gerh. XXVIII (S. 83
					unv.).
32.	„	Halle, 4. Sept.	W. an L.	„ Bl. 64.5.	

— 68 —

Nr.	Jahr.	Datum.	Brief.	Handschrift.	Druck.
33.	1707.	Halle, 11. Okt.	W. an L.	Han. Bl. 66,7.	Gerh. XXIX (S. 84 unv.).
34.	„	Halle, 20. Nov.	W. an L.	- Bl. 68,9.	„ XXX (S. 85).
35.	1708.	Halle, 9. Febr.	W. an L.	„ Bl. 72,3.	„ XXXI (S. 87).
36.	„	Halle, 25. März.	W. an L.	„ Bl. 74,5.	„ XXXII (S. 89 unv.).
37.	„	Hann., 10. April.	L. an W.	„ Bl. 76,7.	„ XXXIII (S. 90).

1. Zwischenbemerkungen im Brief.
2. Konzept auf besonderem Blatt.

38.	„	Halle, 29. April.	W. an L.	Han. Bl. 78,9.	Gerh. XXXIV (S. 92).
39.	„	o. D.	L. an W.	„ Bl. 79.	„ XXXV (S. 94).

Auszug auf dem vorigen Brief.

40.	„	Halle, 8. Juli.	W. an L.	Han. Bl. 80,1.	Gerh. XXXVI (S. 96).
41.	„	Halle, 1. Okt.	W. an L.	„ Bl. 82.	„ XXXVII (S. 98).
42.	„	o. D.	L. an W.	„ Bl. 83.	„ XXXVIII (S. 99).
43.	„	Halle, 6. Nov.	W. an L.	„ Bl. 84,5.	„ XXXIX (S. 100).
44.	„	Braunschw., 18. Nov.	L. an W.	Han. Bl. 86 -	XL (S. 102).

Konzept auf Doppelquartblatt. Die Rückseite enthält Zusätze L.'s zur Recension von Parent: Recherches de Mathematique.

45.	1709.	Halle, 2. Jan.	W. an L.	Han. Bl. 70,1.	
46.	„	Halle, 3. Jan.	W. an L.	„ Bl. 87,8.	
47.	„	o. D.	L. an W.	„ Bl. 88.	

Auszug auf dem vorigen Brief.

48.	„	Halle, 29. Jan.	W. an L.	Han. Bl. 54,5.	Gerh. XXII (S. 71).
49.	„	Halle, 5. März.	W. an L.	- Bl. 89,90.	„ XLI (S. 105).
50.	„	Halle, 20. April.	W. an L.	- Bl. 91,2.	„ XLII (S. 107).
51.	„	o. D.	L. an W.	„ Bl. 92.	

Auszug (ex resp.) auf dem vorigen Brief.

52.	„	Halle, 5. Mai.	W. an L.	Han. Bl. 93.	
53.	„	Halle, 8. Mai.	W. an L.	„ Bl. 94,5.	
54.	„	Halle, 19. Juni.	W. an L.	„ Bl. 96.	Gerh. XLIII (S. 108 unv.).
55.	„	Halle, 17. Aug.	W. an L.	„ Bl. 97,8.	„ XLIV (S. 109 unv.).
56.	„	o. D.	L. an W.	„ Bl. 98.	„ XLV (S. 109).

Auszug auf dem vorigen Brief.

57.	„	Halle, 14. Dez.	W. an L.	Han. Bl. 100,1.	Gerh. XLVI (unv.).
58.	„	Halle, 14.?	W. an L.	- Bl. 99.	
59.	„	Hann., 23.	L. an W.	- Bl. 102.	Gerh. XLVII (S. 112).

Konzept.

| 60. | 1710. | Halle, 20. April. | W. an L. | Han. Bl. 103,4. | Gerh. XLVIII (S. 114). |

Beilage: Recension d. Hist. de l'Ac. Roy. d. Sc. 1708.
Bl. 105—108.

Nr.	Jahr.	Datum.	Brief.	Handschrift.	Druck.
61.	1710.	o. D.	L. an W.	Han. Bl. 104.	Gerh. IL (S. 115).

Auszug (ex resp.) auf dem vorigen Brief.
Beilage: Zusatz zu der Recension.

62.		Halle, 27. April.	W. an L.	Han. Bl. 109/10.	Gerh. L (S. 116).
63.	„	Halle, 20. Mai.	W. an L.	„ Bl. 111.	„ LI (S. 118).
64.	„	Halle, 6. Juni	W. an L.	„ Bl. 112.3.	„ LII (S. 119 unv.).
65.	„	Halle, 16. Juli.	W. an L.	Bl. 115.6.	„ LIII (S.121).
66.	„	Hamb., 24. Juli.	L. an W.	„ Bl. 113.	

Konzept auf dem Brief 64.
Bl. 114. Ad recens. praelectionum etc. J. Freindii. Gerh. S. 120.

67.	„	o. D.	L. an W.	Han. Bl. 116.	Gerh. LIV (S. 123).

Auszug auf dem Briefe 65.

68.	„	Halle, 17. Aug.	W. an L.	Han. Bl. 117.8.	Gerh. LV (S. 124 unv.).
69.	„	o. D.	L. an W.	„ Bl. 118.	„ LVI (S.126 unv.).

Auszug auf dem vor. Brief. Dabei Bemerkung für die Acta erud.

70.	1710.	Halle, 25. Okt.	W. an L.	Han. Bl. 119—22.	Gerh. LVII (S. 126 o. Beil.).

Beil. 1. (Bl. 121) Schema quadraturae circuli etc.
2. (Bl. 122) Doppelquartblatt mit Berechnungen.

71.	„	Halle, 8. Nov.	W. an L.	Han. Bl. 123.4.	Gerh. LVIII (S. 127).
72.	„	o. D.	L. an W.	„ Bl. 124.	„ LIX (S. 129).

Auszug (ex resp.) auf dem vorigen Brief.

73.		Halle, 31. Dez.	W. an L.	Han. Bl. 125.6.	Gerh. LX (S. 129 unv.).
74.	1711.	o. D.	L. an W.	„ Bl. 126.	„ LXI (S. 130).
75.	„	Halle, März.	W. an L.	„ Bl. 127.8.	„ LXII (S. 133).
76.	„	Halle, 16. April.	W. an L.	„ Bl. 129.	„ LXIII (S.134).
77.	„	Halle, 7. Mai.	W. an L.	„ Bl. 196.7.	(nachträgl. gef.).
78.	„	Halle, 26. Juni.	W. an L.	„ Bl. 130.1.	Gerh. LXIV (S. 136 unv.).
79.	„	Halle, 1. Juli.	W. an L.	Bl. 132.3	„ LXV (S. 137 unv.).
80.	„	o. D.	L. an W.	„ Bl. 133.	„ LXVII (S.141).

Auszug (ex resp.) auf dem vor. Brief.

81.	„	Hann., 9. Juli.	L. an W.	Han. Bl. 134/5.	Gerh. LXVI (S. 138 unv.)·

1. Auszug (ex resp.) auf Brief 78.
2. Abschrift mit eigenhändigen Zusätzen L.'s (vielleicht sind 80 u. 81 Bruchstücke eines Briefes).

82.	„	Halle, 15. Juli.	W. an L.	Han. Bl. 136.7.	Gerh. LXVIII (S. 142 unv.).

Nr.	Jahr.	Datum.	Brief.	Handschrift.	Druck.
83.	1711.	Halle, 16. Sept.	W. an L.	Han. Bl. 138.	
84.	„	o. O., 8. Dez.	L. an W.	„ Bl. 139.	Gerh. LXIX (S. 143).
		Oktavblatt: ex epistola ad. Cl. Wolfium.			
85.	1712.	Halle, 25. April.	W. an L.	Han. Bl. 198 (nachtr. gef.).	
86.	„	Epistola G. G. L. ad V. Cl. Christianum Wolfium, Professorem Matheseos Halensem, circa scientiam infiniti. Acta erud. Suppl. Tom. V (1713). S. 264. Konzept 4 Folioseiten Han. Bl. 143/4.			
87.	„	Halle, 12. Juni.	W. an L.	Han. Bl. 140/1.	Gerh. LXX (S. 143).
88.	„	Halle, 13. Juli.	L. an W.	„ Bl. 142.	„ LXXI (S. 147).
		Konzept auf Quartblatt.			
89.	„	Halle, 28. Sept.	W. an L.	Han. Bl. 145.	Gerh. LXXII (S. 148 unv.).
90.	1713.	Halle, 1. Juli.	W. an L.	„ Bl. 153/4.	„ LXXIII (S. 149).
91.	„	Halle, 15. Sept.	W. an L.	„ Bl. 155.	„ LXXIV (S. 152).
92.	„	Halle, 11. Dez.	W. an L.	„ Bl. 156/7.	„ LXXV (S. 153).
93.	„	o. D.	L. an W.	„ Bl. 157.	„ LXXVI (S. 154).
		Konzept auf dem vorigen Brief. Dabei Konzept zu den Remarques sur la controverse. Mathem. Schriften II¹. S. 414.			
94.	„	Halle, 21. Dez.	W. an L.	Han. Bl. 158.	Gerh. LXXVII (S. 155).
95.	1714.	Halle, 6. Febr.	W. an L.	„ Bl. 146/52.	„ LXXVIII (S. 156)
		(im Original falsch datiert „1713"). Beilage: 4 Quartblätter und 1 kleineres Blatt: Auszüge aus dem Commercium epistolicum.			
96.	„	Halle, 20. April.	W. an L.	Han. Bl. 159/60.	Gerh. LXXIX (unv.).
97.	„	Wien, o. D.	L. an W.	„ Bl. 160.	„ LXXX (S. 158).
		Konzept (ex resp.) auf dem vorigen Brief.			
98.	„	Halle, 3. Okt.	W. an L.	Han. Bl. 161.	Gerh. LXXXI (S. 160).
99.	„	o. D.	L. an W.	„ Bl. 162.	„ LXXXII (S.161).
100.	„	Ende Dezemb.	L. an W.	„ Bl. 200 (nachtr. gef.).	
		Zettel von L's Hand: Ex meis ad Du. Wolfium prof. Halensem datis fine X. br. 1714.			
101.	„	Halle, 30. Dez.	W. an L.	Han. Bl. 163.	
102.	1715.	Halle, Febr.	W. an L.	„ Bl. 164/5.	Gerh. LXXXIII (S. 161 unv.).
103.	-	Hann., 2. April.	L. an W.	„ Bl. 166/7.	„ LXXXIV (S.162).
104.	„	Halle, 4. Mai.	W. an L.	„ Bl. 168/9.	„ LXXXV (S. 164 unv.).
105.	„	Hann., 18. Mai.	L. an W.	„ Bl. 170/1.	„ LXXXVI (S. 168).
		Folioblatt: Abschrift mit eigenhänd. Zusätzen.			
106.	„	Halle, 25. Mai.	W. an L.	Han. Bl. 172/3.	

Nr.	Jahr.	Datum.	Brief.	Handschrift.	Druck.
107.	1715.	o. D.	L. an W.	„ Bl. 174—6.	

1 Folioblatt und 2 Quartblätter mit mathematischen Erörterungen von L.'s Hand.

108.	„	Hann., 11. Juli L. an W.	Han. Bl. 177.	Gerh. LXXXVII (S 172).	

Abschrift mit eigenhändiger Namensunterschrift.

109.	„	Halle, 28. Juli. W. an L.	Han. Bl. 178.	Gerh. LXXXVIII (S. 174 unv.).
110.	„	o. D. L. an W.	„ Bl. 178.	„ (S. 174.)

Bemerkung (ex resp.) auf dem vor. Brief.

111.	„	Halle, 1. Okt. W. an L.	Han. Bl. 179/80.	Gerh. LXXXIX (S. 174 unv.).
112.	„	o. D. L. an W.	„ Bl. 180.	„ XC (S. 176).
113.	„	Halle, 19. Dez. W. an L.	„ Bl. 181/2.	„ XCI (S. 178 unv.).
114.	„	Hann., 23. Dez. L. an W.	„ Bl. 183.	„ XCII (S. 179 unv.).
115.	1716.	Halle, 15. März. W. an L.	„ Bl. 184/5.	„ XCIII (S. 181).
116.	„	o. D. L. an W.	„ Bl. 185.	„ XCIV (S. 184).

Auszug (ex resp.) auf dem vorigen Brief.

117.	„	Halle, 29. März. W. an L.	Han. Bl. 186/7.	
118.	„	Halle, 13. Mai. W. an L.	Gött. Bl. 113/4.	
119.	„	o. D. L. an W.	Gött. Bl. 114.	

Auszug (ex resp.) auf dem vorigen Brief.

120.	„	Halle, 24. Mai. W. an L.	Gött. Bl. 115.	
121.	„	Halle, 19. Juli. W. an L.	Han. Bl. 188—90.	Gerh. XCV (S. 185).

Beilage: Excerpt. ex litt. Herrn. 12. Jun. 16.

122.	„	o. D. L. an W.	Han. Bl. 189.	Gerh. XCVI (S. 186).

Konzept auf dem vorigen Brief.

123.	„	Halle, 22. Juli. W. an L.	Han. Bl. 191 2.	
124.	„	o. D. L. an W.	„ Bl. 192 (vgl. Bodem.).	

Auszug (ex resp.) auf dem vorigen Brief.

125.	„	Halle 2. Aug. W. an L.	Han. Bl. 193/4 (vgl. Bodem.).	
126.	„	o. D. L. an W.	„ Bl. 193.	Gerh. XCVII (S. 187).

Auszug (ex resp.) auf d. 1. Seite des vorigen Briefes.

127.	„	Halle, 18. Okt. W. an L.	Gött. Bl. 117.	

Anmerkungen.

1. Es fehlen bei Gerhardt danach die Briefe: Nr. 13, 16, 32, 45, 46, *47, 51, 52, 53, 58, *66, 77, 83, 85, *100, 106, *107, 117, 118, *119, 120 und 127. Davon sind anderweitig (bei Gottsch.) gedruckt: 13, 16,

2. Unvollständig sind bei Gerhardt: Nr. 11, 20, 27, 29, 31, 33, 36, 54, 55, 57, 64, 68, *69, 73, 78, 79, *81, 82, 89, 96, 102, 104. 109, 111, 113 und *114.
Die mit * bezeichneten sind Briefe Leibnizens.
3. Falsch datiert ist im Original Brief 95. Bei Gerhardt richtig. Brief 48 im Original richtig, bei Gerhardt aber falsch datiert. Bei 58 ist das Datum 14 wohl zu bezweifeln.